A. SOULANGE-BODIN

Ministre Plénipotentiaire

A TRAVERS
LA NOUVELLE EUROPE

HIER–AUJOURD'HUI

Librairie académique PERRIN et Cie.

A TRAVERS LA NOUVELLE EUROPE

A. SOULANGE-BODIN

Ministre Plénipotentiaire

A TRAVERS LA NOUVELLE EUROPE

HIER - AUJOURD'HUI

PARIS

LIBRAIRIE ACADÉMIQUE

PERRIN ET Cⁱᵉ, LIBRAIRES-ÉDITEURS

35, QUAI DES GRANDS-AUGUSTINS, 35

1926

A TRAVERS LA NOUVELLE EUROPE

PRÉFACE

En soumettant au public les quelques essais qui constituent ce volume, articles de revue, conférences, notes de voyage, l'auteur de « *A Travers la nouvelle Europe* » n'a eu d'autre ambition que de fournir quelques matériaux, pour leurs travaux d'ensemble, aux historiens futurs de l'époque la plus douloureusement troublée que le monde ait connue.

Qu'était la capitale de l'Allemagne, comment y vivait-on sous le règne du Souverain Comédien qui s'est fait battre si piteusement en novembre 1918 ? Quel incomparable chemin constitue le Danube pour les idées comme pour les marchandises, avec les capitales somptueuses qu'il traverse, avec les produits si divers qui se pressent sur ses bords ; ce qu'ont fait de leur vivant, pour le développement ultérieur des événements en Russie, le loyal Herzen, Kropotkine le rêveur ou le farouche Bakounine qui, avec Tolstoï, furent les véritables précurseurs de la Révolution Russe ; ce qu'on pensait en Roumanie de l'avenir et comment on y pensait, avant les événements, c'est-à-dire à une

époque où la moitié du royaume subissait le joug
étranger ; voilà ce qui, pour le passé immédiatement antérieur à la grande guerre qui va déjà
s'estompant dans le lointain, fournit la matière
aux premiers chapitres de l'ouvrage.

Et pour l'avenir, on verra comment l'orgueil des
Hohenzollern conjugué avec l'aveugle autocratie
des Romanoff, a préparé les voies, après le crime
des partages, à la réparation de 1918, c'est-à-dire
à la résurrection de la Pologne, de la Pologne qui
est bien une des pierres angulaires du nouvel ordre de choses créé par le Traité de Versailles, l'autre étant l'Alsace à tout jamais rendue à la France.
Pas plus qu'elle ne saurait permettre que l'on tou-
che à l'Alsace, la France ne saurait tolérer que la
Pologne soit molestée : et c'est ce qu'à très clairement saisi le véritable homme d'Etat qui a nom
Millerand, lorsqu'en 1920 il s'employa par tous
les moyens en son pouvoir à sauver le nouvel Etat
menacé.

Une claire vision des choses a amené les dirigeants de Tchéco-Slovaquie, de Yougo-Slavie, et
de Roumanie à conclure une entente, dénommée
« Petite Entente », à laquelle adhère en principe
la Pologne. Les trois contractants se sont primiti-
vement associés dans un but spécial : le maintien
des Habsbourg en dehors des limites et de l'Autriche et de la Hongrie. Les frontières des Etats
successeurs de la double monarchie sont détermi-
nées par l'ethnographie, au secours de laquelle est
venue l'Economie Politique ; ils ont vaillamment
travaillé à se rendre dignes de l'indépendance, ils

se sont dotés de tous les attributs qu'exige la machine étatiste du xxᵉ siècle. Et si une impécuniosité égale n'affligeait pas à peu près au même degré les pays nouveaux de l'Europe Centrale, on ne pourrait que les féliciter de l'œuvre accomplie. Mais on l'a dit pour les Etats comme pour les individus : plaie d'argent n'est pas mortelle. Et les peuples qui veulent absolument restaurer leurs finances le peuvent presque toujours et pour ce qui est de la manière de rétablir une situation en apparence totalement compromise, l'exemple s'offre à tous : l'Autriche, en abdiquant entre les mains du Délégué de la Société des Nations, a montré que certains sacrifices ne sont parfois pas inutiles.

On n'aura donc sans doute pas fait œuvre inutile si on a montré comment l'Autriche a pu, en dépit de difficultés considérées comme inextricables, prendre figure d'Etat viable et cela malgré le désavantage qu'entraîne une capitale démesurément développée pour un territoire exigu : un premier résultat intéressant pour la collectivité européenne semble acquis, c'est que tandis qu'au lendemain du retour à l'Etat de paix, le désespoir poussait l'Autriche dans les bras de l'Allemagne, aujourd'hui un avenir sinon brillant, du moins parfaitement honorable semble ouvert aux Autrichiens : un train de vie bourgeois paraît aujourd'hui aux Viennois préférable au mirage d'une vie grandiose mais agitée qui serait leur lot, s'ils poursuivaient la grande idée pangermaniste de l'union avec l'Allemagne.

N'est-il pas réconfortant de constater que les Tchéco-Slovaques dirigés par leurs hommes d'Etats éminents, l'un le patriarche Massaryck, le vieil apôtre de l'indépendance tchèque, l'autre, le jeune mais prudent Benès, le véritable « leader » de la politique de l'Europe Centrale, ont réussi à offrir à l'admiration du monde, et cela du jour au lendemain, un Etat ayant les apparences indiscutables d'un organisme complet, pondéré, robuste. Un pareil gouvernement ne prenait-il pas les initiatives les plus heureuses au point de vue politique, comme au point de vue économique, sachant utiliser au mieux ses grandes ressources et s'assurant au point de vue moral une autorité indiscutable.

Quant à la Yougo-Slavie, elle se heurtait à des difficultés d'ordre spécial : il lui a fallu amalgamer en vue d'une unification nécessaire des éléments bien divers, la vieille Serbie, la Bosnie, l'Herzégovine, le Toronthal (partie occidentale du Banat), la Croatie : là aussi, dur est le travail que poursuivent les gouvernants de la Yougo-Slavie sous la direction du vieil homme d'Etat serbe qui a nom Pachitch, mais là aussi les ressources sont abondantes et les hommes — ils l'ont largement prouvé pendant la guerre — sont de qualité supérieure.

En résumé, on se demandera en notant les résultats si heureux pour une fraction importante de l'humanité qu'a entraînés le Traité de Versailles, ce qu'il est advenu des plans ambitieux que l'écrivain pangermaniste Naumann développait dans son livre retentissant : « Mittel Europa ».

Quelle était donc la thèse qu'il y développait ?

Il fallait, entre les Etats de la future Europe Centrale, organiser la même Loi de recrutement, des inspections militaires réciproques, une commission commune des Affaires Etrangères, une administration commune des chemins de fer, des eaux, etc..., l'identité de monnaies et mesures, le même droit financier et commercial, la même base de dépenses militaires, la responsabilité réciproque concernant les dettes de l'Etat, l'égalité de tarif douanier, le même mode de perception des droits de douane, la même protection ouvrière, les mêmes droits d'association, de syndicat.

Naumann, à l'exécution de ses plans ne voit pas d'obstacles, ni dans les sentiments divergents des catholiques et des protestants, ni dans la diversité des nationalités qu'il veut associer dans la géographie. Et, pour justifier ses combinaisons, il les place sous le patronage de Bismarck et de Andrassy qui, au Congrès de Berlin, ouvrirent les voies à un avenir d'entente entre les pays d'Europe Centrale. Enfin, si l'entente qu'il préconise ne doit menacer personne, elle ne sera possible que parce que Napoléon a été abattu à Waterloo et que l'influence française a été définitivement exclue de l'Allemagne par la Guerre de 1870-71...

On en a assez dit pour indiquer quel édifice on voulait construire et combien il est heureux pour la paix du monde que l'idée du « Mittel Europa »

appartienne définitivement au passé : et c'est de
cette constatation que tirent peut-être leur intérêt les pages consacrées à faire connaître la situation actuelle et les heureuses perspectives d'avenir de certains des Etats qui ont pris la place de
l'Empire d'Autriche et ce, dans des conditions
tout autres que celles rêvées par l'auteur pangermaniste.

                              A. SOULANGE-BODIN.

CHAPITRE PREMIER

SUR LE DANUBE

En novembre 1918, un laconique télégramme annonçait à la France, à l'Europe, au monde frémissant à la nouvelle de victoires chaque jour répétées, que les chevaux de notre armée de Salonique s'abreuvaient dans les eaux du Danube : sur l'épique randonnée qui les avait amenés du fond de la Bretagne dont les landes les avaient vus naître, ou du pied des Pyrénées dont les herbages les avaient nourris, pas de réflexion, et cependant que de difficultés à surmonter pour parvenir à Salonique d'abord, c'est-à-dire à 2.000 kilomètres de Marseille, puis aux bords du Vardar, à ceux de la Cerna, et enfin, à travers les obstacles des Balkans, aux rives du fleuve immense qui naît aux portes de la France pour aller mourir au Pont-Euxin. Les faits, dira-t-on, ne se suffisaient-ils donc pas à eux-mêmes et ne seront-ils pas inscrits en lettres d'or dans l'histoire de la Grande Guerre ?

En réalité, nous établissions la force française sur un cours d'eau célèbre entre tous dans les annales de l'humanité. A l'époque romaine, n'était-il pas l'une des « grandes frontières de l'Empire ? » Longtemps, les maîtres de ce qui consti-

tuait à l'époque le monde civilisé ne s'aventuraient qu'avec hésitation dans les montagnes et
les forêts sans bornes de la rive septentrionale. Et
les peuples chasseurs habitants de ces régions sauvages ignoraient les bienfaits de la civilisation
latine et s'opposaient férocement à l'intrusion de
voisins qui vivaient de l'agriculture et dont l'idéal
ne pouvait être que la destruction des bois et des
halliers ; ces refuges du gros gibier, la conservation n'en importait-elle pas au plus haut point à
l'existence des aborigènes ? Et c'est pourquoi les
conquêtes de Trajan dans la région des Karpathes
furent considérées comme le témoignage le plus
éloquent de la toute-puissance de Rome. Trajan,
pour l'audace qu'il montra en portant ses armées
au delà du Danube, reçut le surnom de « Dacien ». Fils d'Orkanos et de Thétis, au dire d'Hésiode, le Danube était adoré comme un dieu, et
tout comme Jupiter il avait son culte, ses autels,
ses temples. La considération dont il jouissait était
marquée par la frappe de médailles auxquelles ne
manquaient ni l'urne obligée, ni la barbe ondoyante, ni le diadème de roseaux posé sur le
front, ni tout l'attirail classique attestant aussi .
bien sa divinité païenne que son illustre généalogie.

Les Phéniciens avaient exploré les sept bouches
par lesquelles le fleuve se jette dans la mer Noire.
Rien de plus. Mais les Grecs, plus hardis, remontèrent son cours inférieur jusqu'aux portes de
Fer ; puis, effrayés par les roches d'où, à cette époque, le fleuve se précipitait en cataractes, ils affir-

mèrent, sans doute pour n'être pas astreints à remonter plus haut, que c'étaient là les sources du Danube...

Plusieurs siècles plus tard, les légions de Tibère, parties du lac de Constance, découvraient un fleuve auquel ils donnèrent le nom de Danube ; bientôt ils se rendaient compte de ce fait que Danube et Ister ne formaient qu'un seul et même cours d'eau : les deux noms lui furent indistinctement appliqués.

Avec les invasions des barbares, le rôle géographique du fleuve se modifie ; il cesse d'être frontière, il devient la grande voie de communication par laquelle, tumultueusement, les flots d'hommes se portent vers l'Occident ou refluent vers l'Orient : Huns, Avares, se ruant de l'est à l'ouest, Francs ou croisés en marche vers Constantinople. Plus tard, le long du fleuve s'alignent les armées qui ont pour mission de refouler les musulmans devenus menaçants pour l'Europe centrale.

En 1664, le grand vizir marchait sur Vienne avec 100.000 hommes : le comte de Coligny fut chargé, au nom de la France, de conduire à Montecuccoli, général de l'Empire, un corps d'élite de 4.000 fantassins et de 2.000 cavaliers ; un autre Français, le comte de Souches, commandait une armée destinée à couvrir la Moravie. On alla au-devant des Turcs jusqu'à Raab et on se heurta à eux près de la petite ville de Saint-Gothard : on les vainquit. Quinze ans plus tard, l'Autriche était de nouveau exposée au danger musulman. Louis XIV échelonna quatre camps le long du

Rhin, prêt à lancer quatre armées à la première requête de l'empereur Léopold : ce dernier, à un allié trop puissant, préféra l'aide de Jean Sobieski; à la Pologne, l'Autriche devait marquer sa reconnaissance par la politique des partages.

Et ne nous intéresse-t-elle pas de plus près encore l'histoire de ces mouvements qui, par le Danube, amènent les impériaux aux portes de France ; entre Vienne et la source du fleuve, que de combats où coula le sang français, que de rencontres depuis Saint-Gothard jusqu'à Ulm, Ratisbonne, Wagram, étapes glorieuses de la carrière prestigieuse de l'immortel Napoléon !

La lutte pour la vie ne se poursuit pas seulement sur les champs de bataille : elle a souvent, plus souvent encore, pour théâtre les marchés commerciaux, et quels sont les chemins qui mènent aux localités où se pratiquent les échanges, sinon les fleuves ? A ce titre, le Danube peut aussi bien appeler l'attention comme voie de trafic que comme route stratégique. Les villes se multipliaient sur ses bords et, en Bavière comme en Autriche, comme en Hongrie, se formaient des centres d'échange qui ont survécu aux guerres et aux transformations territoriales parce que la nature, en donnant la fertilité à ses rives immédiates, en dotant l'arrière-pays de produits d'un usage général, tels que le bois, le sel, le charbon, avait prédestiné ces cités aux œuvres de paix.

Décrire le cours de cette voie d'eau magnifique entre toutes (de sa source à son embouchure, on compte en ligne droite 1.530 kilomètres, 3.000 avec les méandres), noter au passage les événements historiques dont ses rives furent le théâtre, faire connaître les aménagements auxquels l'homme a procédé pour en accroître l'utilité, ou indiquer les perfectionnements à l'étude pour multiplier les voies d'eau artificielles qui viendront se souder au grand ouvrage de la nature, n'est-ce point faire œuvre utile au moment où se préparent de multiples modifications de la carte d'Europe et où se renouvellent les conditions d'existence du vieux monde au bénéfice de tant de jeunes et renaissantes nationalités ?

Sur la véritable source du Danube, les géographes discutent : faut-il voir l'amorce du fleuve dans la Breg, modeste cours d'eau du grand-duché de Bade, dans la Brigach, petite rivière de la Forêt Noire ? Au milieu de la cour d'honneur de Donaueschingen, résidence des princes médiatisés de Fürstenberg, un bassin a été creusé d'où jaillit un flot d'une eau très pure : c'est la source officielle du Danube et il ne déplaît pas aux âmes féodales que le roi des fleuves d'Europe naisse dans le parc de l'un des plus anciens représentants de la vieille Allemagne. Les Allemands disent le beau Danube bleu, les Romains, plus véridiques, le qualifient de jaune et Virgile, sans sacrifier la poésie à l'exactitude, a parlé de l'Ister roulant les sables jaunes dans ses eaux agitées : *Turbidus et torquens flaventes Ister arenas*. Quoi qu'il en soit, ses destinées premières le maintiennent en

Germanie ; il y arrose Tüttlingen en Wurtemberg, Sigmaringen en Hohenzollern ; il devient navigable à 125 kilomètres de sa source, c'est-à-dire à la traversée d'Ulm, qui s'étend sur les deux rives du fleuve, bavaroise au sud, wurtembergeoise au nord. Les Allemands insistent sur l'importance de la cathédrale et vont répétant qu'elle possède une des plus hautes tours du monde. En contemplant la vieille forteresse féodale, nous voulons, nous autres Français, ne savoir qu'une chose : c'est que Napoléon, en 1805, y reçut la capitulation de Mack et fit ainsi pressentir au monde l'échec de la troisième coalition. Puis, traversée d'Elchingen où Ney cueillit le titre de duc ; passage à Donauwerth, à Neubourg, à Ingolstadt qui fut vainement assiégée par Gustave-Adolphe, mais que les Français, plus heureux, occupèrent en 1800 après un siège de trois mois et dont ils se hâtèrent, très sagement, de raser les fortifications; à Ratisbonne, où se tenait la diète de l'Empire, l'ancienne *Castra Regina* des Romains, ville libre au moyen âge et, aujourd'hui comme alors, important centre industriel et commercial.

Près de Donaustauf, le roi Louis a fait bâtir, sur une éminence dominant le fleuve, la « Walhalla », la salle des élus, construite sur une série de terrasses monumentales. De cet édifice, le roi posa la première pierre le 18 octobre 1830, anniversaire de la bataille de Leipzig, à la fois pour commémorer cette date et pour protester contre notre révolution de Juillet ; du Parnasse moderne, furent exclus et Corneille et Molière.

A Vilshofen, la légende veut que le diable ait jeté dans le Danube de grosses masses de rochers pour empêcher le départ des croisés ; ceux-ci passèrent et ultérieurement les ingénieurs firent sauter les rochers.

Passau est la dernière localité allemande que traverse le Danube ; c'est à la fois pour le soldat un poste militaire, pour l'artiste un site séduisant au confluent de trois cours d'eau, le Danube, qui arrive de la Forêt Noire, l'Iller, qui descend des monts de Bohême, l'Inn, qui arrive du Tyrol ; tous les trois se réunissent au pied d'une forteresse peu redoutable, l'Oberhaus. Le Danube, par l'Inn, emporte à la Mer Noire les eaux du Tyrol et de la Suisse que n'ont pu drainer le Rhin et le Rhône, le Tessin et l'Adige.

On pourrait s'étendre sur le pittoresque des rives du Danube, mais avant de quitter l'Allemagne, il faut signaler les projets nombreux formés pour l'utilisation du majestueux cours d'eau au moyen de canaux y accédant.

La question était, en pleine guerre, étudiée par la Commission des finances du Parlement bavarois : désireux de favoriser la création d'une grande voie fluviale à travers l'Europe centrale, cet organisme demandait tout d'abord que l'on reliât le fleuve, d'un côté au lac de Constance à partir duquel le Rhin doit un jour être rendu navigable, et, de l'autre, au Mein. Depuis, c'est-à-dire en novembre 1917, la question a fait l'objet d'études approfondies au Congrès qui se tint à Hambourg ; il y fut même question d'un canal de jonction entre le Weser et le Danube, la jonction devant se faire par un canal reliant le Mein à la Werra ; ainsi devait être constituée une ligne intermédiaire entre le Rhin et l'Elbe. « L'importance des voies d'eau, proclamait le président du Congrès, le docteur Paasche, à ce moment vice-président du Reichstag, est primordiale ; la guerre actuelle prouve qu'en prévision d'une guerre future, il faut nous assurer avec nos alliés austro-hongrois des communications par eau sûres et faciles ». Le docteur Rausch, syndic de la Chambre de commerce de Dessau, ajoutait « qu'il serait particulièrement avantageux de pouvoir transporter non seulement les charbons de Bohême, mais aussi la potasse de l'Allemagne centrale, en particulier celle du grand-duché d'Anhalt, en Hongrie, c'est-à-dire dans une région d'où nous viendront des blés et d'autres produits agricoles ». Le conseiller autrichien Schreller faisait observer, à la même réunion, que si l'on pouvait affirmer qu'un canal permettant de rejoindre Hambourg à la Mer Noire pût, en temps ordinaire, assurer des transports plus économiques que la voie de mer, actuellement et sans doute pour longtemps, il permettrait de lutter avantageusement contre les transports maritimes : le fret de Hambourg à Constantza, par mer, coûtait, avant la guerre, dix-huit marks la tonne en moyenne ; la guerre a amené une hausse d'au moins 30 %, ce qui élève singulièrement le prix du transport de la tonne. Dans ces conditions, le trafic par le canal et le Danube pourrait soutenir la concurrence. L'avantage serait naturellement plus grand encore s'il s'agissait de transporter des marchandises cueillies le long du parcours. L'achèvement de cette grande voie d'eau aurait au surplus l'avantage de faciliter la mise en valeur de plusieurs régions importantes de l'Europe centrale ; « elle nous aiderait, disait un Allemand, M. Anspitzer, à reconstituer notre vie internationale, à réorganiser nos relations avec les autres peuples, à solutionner dans de bonnes conditions les problèmes qui se rattachent à la question douanière ».

Le congrès de Hambourg envisagea la jonction du Danube avec le Rhin, ce qui ne peut, en raison de l'importance du port de Strasbourg, nous laisser indifférents, et constata qu'elle pouvait se faire par la vallée du Neckar, au cours duquel de notables améliorations seraient apportées au moyen d'un canal allant à Esslingen par la vallée de la Fils. L'importance que la ville de Francfort a prise ces dernières années comme port fluvial donne un intérêt particulier à un autre plan : celui qui réunirait le Danube au Mein au moyen de l'élargissement et de l'approfondissement du canal Louis, ou même éventuellement de la construction d'un nouveau canal.

La mainmise de l'Allemagne sur l'Ukraine donna au problème de la navigation sur le Danube un intérêt particulier; la Mer Noire aux mains des Allemands, le Danube acquérait une importance capitale au point de vue du réapprovisionnement des Empires centraux. Leur presse ne parlait que de l'organisation des services avec l'Ukraine, que des moyens à trouver pour éviter les transbordements, que de la possibilité de faire venir d'Odessa et de son hinterland céréales, maïs, fourrages, semences, fruits à cosse, etc. Un immense syndicat se forma entre les principales maisons austro-allemandes d'exportation : il s'appelait *Ost*, l'Orient. Pour la presse, pour les membres du syndicat, le Danube devait jouer le rôle le plus bienfaisant dans la reprise si désirée des relations avec la Russie.

Rêve évanoui, dira-t-on. Certes, l'effondrement simultané des empires d'Autriche et d'Allemagne enlève toutes chances immédiates à la réalisation des beaux projets étudiés jusqu'à la veille de la débâcle ; il n'en est pas moins vrai que l'idée est en l'air ; peut-être pourra-t-elle être reprise et alors devrons-nous en prendre ombrage ? Je ne le crois pas, à condition toutefois que la Conférence des Alliés, en étendant à tout le Danube le régime international qui a transformé le bras de Sulina, en prescrive l'application au Rhin et n'omette pas d'y soumettre par avance toute voie d'eau unissant l'un à l'autre les deux fleuves.

L'Autriche, à Passau, ouvre ses frontières au cours d'eau qui, entre cette localité et Vienne, présente les aspects les plus variés, tantôt infiniment resserré et bouillonnant, tantôt large et majestueux. C'est le second bief du Danube, qui, de Passau, faisant suite au bief allemand que l'on vient de quitter, se prolonge jusqu'à l'entrée en Hongrie.

Une route qui descend du nord, c'est-à-dire de Bohême, par Budweiss, et qui, par conséquent, se glisse entre le Böhmerwald finissant et les monts de Moravie qui s'annoncent, vient aboutir au Danube à l'endroit précis où se manifeste un chemin venant de Salzbourg et du Tyrol ; cet endroit commandant la grande route fluviale de l'Autriche, était marqué par la nature pour l'érection d'une ville : ce fut Linz qui, par suite de sa situation topographique, devait prendre une importance à la fois commerciale et militaire. Au cours de la guerre de la succession d'Autriche, les Franco-Bavarois, grâce à la prise de cette cité, purent occuper Prague ; les ennemis l'ont-ils reprise, aussitôt la Bavière est ouverte aux pandours de Marie-Thérèse. Et ne croirait-on pas que les clefs de l'Empire sont déposées à Linz ? C'est là, en effet, que Moreau après Hohenlinden, Napoléon après Ulm les allèrent chercher. Et c'est pourquoi les Habsbourg entourèrent la ville d'importantes fortifications, qui n'ont d'ailleurs jamais été mises à l'épreuve de la bombe.

A Grein, en aval comme en amont, c'est un défilé étroit que l'art de l'homme a transformé par la suppression d'obstacles qui provoquaient des remous furieux, et qui, jadis, gênaient fort la navigation sur une étendue d'environ cinq cents mètres, mais où, aujourd'hui, d'âpres rochers rivalisent seulement en effets pittoresques avec les ruines de nombreux châteaux.

Des deux tourbillons qui se formaient en aval de Grein, l'un s'appelait « Strudel » et le second « Wurbel ». La légende veut que le fleuve profitât du tumulte des eaux pour s'évader du champ de bataille et aller, par une voie souterraine, pacifiquement s'épancher en Hongrie dans le lac Neusiedel. Un peu au-dessous de Linz, le Danube fait un coude près de la Traun comme pour aller au devant de cette rivière qui assemble les eaux du Salzkammergut et de ses trente-cinq lacs de toute grandeur. Au-dessus des hauteurs qui dominent ce cours d'eau, se devine Ebersberg qui fut, en mai 1809, le théâtre d'un terrible combat ; tandis que le général autrichien Hiller, battu à Landshut par Lannes et Masséna, essayait de leur barrer le chemin de Vienne, le feu prenait à Ebersberg et combattants comme habitants périssaient ensemble dans les flammes. A gauche du fleuve, sur une des nombreuses îles qui en coupent le cours, apparaissaient les ruines de Spielberg dont les remparts à demi détruits sont encore dominés par un vieux donjon carré : c'était un de ces repaires de brigands nombreux jadis sur les routes commerciales du monde.

Puis, c'est le long bourg de Manthausen, et son vieux château de Pragstein. Quand Barberousse, en 1185, descendit le Danube avec l'armée qu'il menait en Palestine, les gens de Manthausen eurent l'audace de lui réclamer le péage d'usage ; l'empereur, irrité d'une aussi ridicule prétention, y repondit en mettant le feu au village.

Avant d'accéder aux environs immédiats de Vienne, toute une série de couvents superbes : c'est Moelk, splendide palais qui compte 1.5oo fenêtres, doublé d'une importante bibliothèque et d'une remarquable collection de tableaux ; il abrite des bénédictins installés dans la localité depuis 1089. Napoléon y fixa son quartier général le 7 mai 1809 : il voyait de la terrasse des troupes ennemies campées au delà du fleuve. Il chargea Marbot de traverser le Danube débordé pour savoir quel était ce corps : on connaît le récit du brave cavalier apprenant à l'Empereur qu'il était en présence du corps du général Hiller récemment rejeté sur la rive gauche après le combat d'Ebersberg. Pendant les quatre jours que dura le passage des troupes françaises, les religieux leur distribuèrent soixante mille pintes de vin, et ils affirmèrent sans hésiter que les caves ne se trouvèrent privées que de la moitié de leur contenu. Puis, c'est Krems où se reproduisent presque exactement les mêmes particularités : après Spitz, Rossatz où le Danube décrit une courbe s'infléchissant vers le sud et passe devant les belles ruines du château de Durrenstein, où fut enfermé Richard Cœur de Lion et qui étend jusqu'au fleuve ses enceintes multiples de remparts et de tours. En 1805, à Durrenstein, Mortier eut à lutter avec une division contre l'armée de Kutusow qui avait franchi le Danube à Krems. Les Français étaient cinq mille contre trente mille et faillirent être cernés grâce à un berger qui avait guidé les Russes à travers la montagne. A partir de Durrenstein, le grand fleuve coule entre des rives plates ; aussi déborde-t-il fréquemment et entre ses méandres, tantôt navigables, tantôt obstrués par les sables, se forment des étangs sur lesquels s'ébattaient en foule canards et oies sauvages, grues et mouettes.

Voici Klosterneubourg, la plus importante abbaye d'Augustins d'Autriche, qui s'annonce par une série de dômes élevés.

L'origine de Klosterneubourg mérite d'être rapportée : le margrave Léopold, surnommé plus tard le Saint, était venu avec sa femme Agnès, fille de l'empereur Henri IV, passer quelques jours dans le château qu'il avait fait construire près de Vienne ; un soir, les jeunes époux causaient sur la plate-forme d'une tour quand un coup de vent enleva soudain le voile que la margravine avait sur la tête. Comme Agnès manifestait un profond chagrin de la perte de cet ornement auquel elle tenait infiniment, on le chercha partout, mais sans succès. Huit ans plus tard, un jour que Léopold chassait sur les bords du Danube, il entendit les chiens aboyer furieusement dans la forêt ; il se porte vers eux et arrivant au milieu d'une clairière, il y aperçoit le voile intact attaché à une touffe de sureau. Le pieux margrave voit là un ordre du ciel et fit vœu d'élever à la place même un monastère : ce fut l'origine de l'abbaye de

Klosterneubourg qui encore aujourd'hui possède d'immenses domaines dans les environs immédiats de Vienne. Du village, où les moines, soucieux du temporel comme du spirituel, ont créé un important hôpital, part un chemin de fer qui mène au sommet du Kahlenberg, d'où, pendant la belle saison, les Viennois peuvent se donner la joie orgueilleuse de contempler à leurs pieds, vers le sud, toute leur immense et superbe cité.

Leur regard se porte-t-il au delà du fleuve, il atteint le vaste district de Marchfeld ; c'est une plaine où aboutissent les routes commerciales venant d'Italie comme de Silésie ou de Bohême, marquant ainsi la destinée de Vienne comme grand marché international. Le Marchfeld constitue un immense champ de bataille où les combattants arrivant de toutes parts se rencontrent dans ces localités qui portent les noms fameux d'Essling, Aspern, Wagram, Lobau.

C'est enfin Vienne elle-même, située non pas sur le Danube, mais à une certaine distance du cours d'eau.

Vienne marque la limite entre l'Orient et l'Occident. C'est sur les remparts de l'ancienne capitale des Habsbourg que vint, à deux reprises, buter, pour y échouer, le flot-vainqueur de la marée turque qu'y avaient amenée Soliman II et Mahomet IV. Et c'est inversement de Vienne que devait se diriger vers l'Orient le surplus de la population allemande le jour où, après avoir exclu l'Autriche de la Confédération germanique, Bismarck imposa aux gouvernants de la monarchie austro-hongroise le *Drang nach Osten* qui devint, pendant quarante ans, par la force des choses, la raison d'être du régime impérial, mais qui, après les imprudences fatales de 1914, aboutit à sa ruine irrémédiable. Pourquoi et comment une grande capitale vint-elle au jour là où s'épanouit Vienne ?

Rome fit pression de l'Occident vers l'Orient, puis Attila exerça la même action en sens inverse, nous l'avons constaté plus haut. Ce fut seulement après la grande défaite des Hongrois à Augsbourg que ces derniers furent définitivement rejetés d'abord au delà du Wienerwald, puis plus tard, derrière la Leitha. Les margraves d'Autriche purent alors, tranquilles dans leur burg du Kahlenberg, assister à la création, dans la plaine, de la ville de Vienne ; d'abord simple rendez-vous de chasse, à l'endroit où s'élève aujourd'hui le palais Esterhazy, puis village maraîcher, Vienne vit en 1144 le margrave Henri poser la première pierre de l'église Saint-Etienne. Cinq ans plus tard, Frédéric Iᵉʳ entourait la ville naissante de remparts et de fossés ; le mouvement était donné, il ne devait pas s'arrêter, du moins jusqu'en 1914. Vienne, c'est, ou plutôt c'était hier, dans une explosion de luxe élégant, la civilisation européenne dans tout son raffinement, avec ses théâtres et ses boulevards, ses jardins et ses parcs où les foules joyeuses se hâtent aux divertissements les plus variés.

Vienne fait également sa part au travail, et sans citer en détail les industries de toutes sortes qui se sont établies dans la capitale, on peut rappeler que leurs produits atteignaient le dixième du total des fruits de l'activité économique de tout l'Empire. Les collections ne le cèdent ni en nombre ni en qualité à celles d'aucune capitale, et pour la peinture, la gravure, les antiques, les livres et les manuscrits, elle possède des trésors qui font la joie des étrangers.

Le Danube ne fait pas l'ornement de Vienne : il contourne la cité à l'est et, du promontoire du Léopoldsberg, la vue s'étend sur le nouveau lit du fleuve avec ses ponts et ses quais, sur la nouvelle zone d'inondation, aussi bien que sur les terrains conquis sur les eaux.

Quel sort sera réservé à cette ville de plus de deux millions d'habitants, ancienne capitale d'un grand empire dualiste de cinquante-deux millions d'habitants, réduite aujourd'hui au rôle d'un chef-lieu de département puisque les diverses provinces de la nouvelle Autriche ne comptent en tout que quatre millions d'habitants ?

Récemment, le ministre des Affaires étrangères, le docteur Otto Bauer, affirmait que Vienne deviendrait un véritable Pompéi, si l'Entente ne se préoccupait pas d'assurer à la nouvelle Autriche et à sa capitale des moyens propres d'existence.

Des innombrables problèmes qu'a fait naître la grande guerre, celui-ci n'est pas l'un des moins malaisés à résoudre. Ce n'est pas le lieu de l'aborder ici ; mais si l'on se rappelle le rôle traditionnel qu'a joué Vienne entre l'Occident et l'Orient, on doit prévoir les dangers qui menacent les nouveaux Etats nationaux issus de la double monarchie, à savoir la mainmise du germanisme sur le grand carrefour du Danube, c'est-à-dire son rattachement à la grande Allemagne. Ne pourrait-on concevoir pour Vienne un avenir conforme à sa plus ancienne destinée danubienne, c'est-à-dire se reporter à l'époque où l'Autriche, ne possédant pas Trieste, cette capitale était le grand entrepôt des marchandises venues de l'Orient? Refaire de Vienne une grande métropole commerciale, ce serait, par la création de vastes intérêts, la distraire du rêve allemand en lui permettant de tirer du commerce de transit d'énormes profits. Ces profits aujourd'hui seraient décuplés et garantiraient, soit dit en passant, les versements dus aux gouvernements de l'Entente.

Il faut aussi à une capitale une raison d'être morale. Vienne pourrait recevoir dans ses immenses palais, aujourd'hui déserts, les organismes internationaux ou interalliés qui devront être constitués, soit pour la liquidation des dettes de guerre, soit pour régler le fonctionnement des voies fluviales ou des chemins de fer qui seront internationalisés.

Les guerres antérieures ont rarement posé aux hommes un problème aussi profondément compliqué que celui du sort de la ville de Vienne ; c'est grâce à la situation danubienne de cette capitale que ses habitants peuvent être sauvés de la famine comme de la ruine totale et être ainsi détournés de l'obsédante idée allemande.

*
* *

On ne peut quitter la région de Vienne sans parler de la jonction du Danube avec l'Oder, bien plus importante pour l'Autriche que la jonction du même fleuve avec le Rhin ; le canal projeté Oder-Danube traverserait le bassin houiller de la Silésie, puis celui de la Moravie, toucherait celui de Haute-Silésie pour aboutir au nord de Vienne, permettant non seulement à la capitale, mais à Presbourg et à Budapest, ainsi qu'à l'industrie sidérurgique de Styrie, d'avoir du charbon industriel à meilleur compte que par le passé.

Un autre projet viserait la jonction Danube-Oder-Elbe par un canal partant de Prérau (sur le canal Danube-Oder), pour aboutir à Pardubitz sur l'Elbe supérieure. Présentant certaines difficultés d'exécution, ce projet offre l'avantage de la brièveté du parcours ; il ouvrirait aux produits de la région industrielle de la Bohême septentrionale, et nous ne pourrions qu'y applaudir par intérêt pour nos amis Tchéco-Slovaques, une voie d'accès au Danube. Les partisans de ce canal sont bien plus modérés pour la largeur à lui donner que ne le sont ceux du canal Danube-Mein. On ne veut pas prévoir de chalands jaugeant plus de mille tonnes et on se contenterait peut-être de chalands de 700 tonnes. Ni l'Elbe, ni l'Oder supérieur ne comportent la circulation de plus grands bateaux, et d'ailleurs il faut se rendre compte du fait qu'un simple chaland de 700 tonnes transporte autant de marchandises qu'un de ces immenses trains composés de quarante-six ou quarante-sept wagons de 15 tonnes chacun.

Un projet qui concerne surtout les Autrichiens proprement dits, c'est celui qui prolongerait le canal Danube-Oder à travers le bassin houiller de Moravie et de Silésie autrichienne, pour le raccorder à la Vistule, mais comme celle-ci n'est pas navigable dans son cours supérieur, la valeur de la nouvelle voie s'en ressentirait puisqu'elle aboutirait à une impasse.

Le Danube, de Vienne à Presbourg, ne présente aucune particularité, sinon de temps à autre un village de moulins à eau ; la construction en est simple, une roue de bois placée entre deux barques, dont l'une reçoit les sacs de farine et dont l'autre porte la maison du meunier. De Vienne à Pest, on compte par centaines les demeures aquatiques groupées par vingt ou trente, toujours en activité.

Sur la rive droite une muraille romaine toujours subsistante : elle s'étend de Pétronell jusqu'au lac Neusiedel ; parfois sur la plate-forme de ses tertres bastionnés, une cabane solitaire, telle une guérite.

Après avoir, en vue même de Presbourg, franchi la dépression connue sous le nom de « Porta Ungarica », le fleuve passe au pied de la grande ville qui, bien que d'aspect germanique, est habitée surtout par des Slovaques. Jadis cité du sacre des rois de Hongrie, Presbourg s'enorgueillit d'un vaste château quadrangulaire en ruines, d'une couronne ducale dorée qui domine la coupole de la cathédrale, de nombreux palais de sa vieille aristocratie. Dans ses murs fut signée la paix de 1805, après la bataille d'Austerlitz, et ce fut l'écroulement, après huit cent quarante-quatre ans de durée, du Saint-Empire romain, en même temps que la naissance de l'éphémère Confédération du Rhin.

Pest a tenu à se parer de toutes les splendeurs d'une capitale moderne ; de larges voies merveilleusement pavées, des ponts nombreux reliant la ville à Bude, de superbes monuments dont l'un, le palais du Parlement, a coûté soixante-quinze millions aux contribuables hongrois, un chemin de fer électrique souterrain longeant toute la rue Andrassy sur plus de quatre kilomètres, une longue avenue qui borde le Danube sans qu'aucun véhicule y ait accès sinon les voitures du tramway, glissant sur une voie en contre-bas, telles sont les particularités qui accueillent l'étranger de la manière la plus favorable.

Le roi a pris sa part des embellissements de sa capitale ; la réfection de son palais de Bude a été effectuée dans les conditions les plus heureuses. L'admirable situation qu'occupe ce monument favorise d'ailleurs tout effort d'art et lui fait rendre tout son effet. De l'esplanade qui longe le palais, la vue se porte au delà du fleuve, sur l'océan des maisons de Pest qui s'étend indéfiniment dans la plaine et se développe à perte de vue dans un voile de·fumées et de brumes ; çà et là se dressent, comme des îles dans la mer, d'imposants monuments : la cathédrale avec un vaste dôme et deux clochers, d'innombrables églises aux flèches effilées, l'Opéra, les halles, et, par-dessus tout, le colosse des colosses, le Parlement.

Dans le vieux Bude se rencontrent de nombreux vestiges de l'Aquincum des Romains ; forum, amphithéâtre, aqueduc, murailles, tout fut détruit par Attila qui en fit son éphémère capitale, une capitale que tour à tour emportent un flot d'envahisseurs ou quelque débordement du Danube. Le fleuve, bien que canalisé aujourd'hui par l'ingénieur moderne, est bien le maître ici ; il s'étale somptueusement sur 4oo mètres de largeur, une flotte de chalands de toutes dimensions, les plus importants dépassant mille tonnes, évolue entre ses rives et l'on voit les céréales transportées par eau se transformer en farine, sur l'eau, et par l'eau, grâce à ces moulins flottants qui sont particuliers à la cité hongroise tout comme à sa banlieue.

Les aspects très flatteurs que les Hongrois ont donnés à leur capitale, répondent-ils à l'état réel du pays et l'étranger fasciné par une apparence très séduisante est-il en droit de proclamer qu'il traverse un pays très riche, tel la France, l'Angleterre, l'Allemagne ? Il se trouve dans un pays, où vivent des personnalités très opulentes, rien de plus.

C'est du moins ce qui ressort des observations

que la suite d'un voyage sur le Danube permet de noter.

*
* *

En quittant Budapest, le Danube qui, à partir de Vienne, s'infléchit vers le sud, poursuit sa courbe dans la même direction ; il longe sur 35o kilomètres l'immense plaine connue sous le nom de « Pusta », la steppe hongroise, la pampa de l'Europe ; c'est le désert sans horizons, coupé de temps à autre par de rares tumuli de formation purement naturelle ; pas un rocher, pas une pierre, toujours de la terre depuis la rive orientale du Danube jusqu'aux Karpathes. Tantôt le sol est en jachère ; la solitude n'est troublée que par le galop de hordes de chevaux sauvages, comme au temps éloigné où la terre basse n'était qu'une mer de verdure et où à perte de vue l'œil s'étendait sur des pâturages, rien que des pâturages, tandis que, sous la garde de bergers hirsutes, paissaient d'immenses troupeaux de bœufs ou de chevaux, les vrais maîtres de la plaine. Tantôt, et cela depuis la création des chemins de fer, les troupeaux ont reculé devant d'immenses cultures de blé, de maïs, de tabac. Tantôt enfin, ce sont de vastes marécages plantés de joncs où sommeillent sur une patte de graves hérons.

Les travaux des champs sont-ils favorisés par le climat ? Bien que la terre soit d'une qualité exceptionnelle, il y a toujours un aléa ; les pluies sont-elles suffisamment abondantes, la végétation se développe normalement et les résultats sont excellents ; l'eau est-elle rare, le rude vent des steppes russes, le métiel, vient-il à souffler, tout se flétrit sous ses impétueux tourbillons et le malheureux paysan ne retrouvera même pas sa semence. Aussi, devant l'incertitude de l'avenir, le travailleur rural s'adonne à son métier sans aucun entrain. Par ailleurs, la répartition des terres telle qu'elle se présentait hier (sait-on ce qu'elle sera demain ?) était un obstacle à la bonne administration de la propriété foncière. Les grands seigneurs avaient parfois des domaines si vastes que quelques-uns d'entre eux ne les avaient jamais parcourus en entier. Le rendement de la grande propriété est presque insignifiant, celui de la moyenne qui est surveillée par le maître est celle où s'acomplissent les plus grands progrès agricoles. L'étranger est frappé de l'absence de routes ; les rues mêmes de grandes villes telles que Szegedin ne sont que pistes poussiéreuses en été, fleuves de boue en hiver.

Une poésie mélancolique et douce se dégage malgré tout de l'étendue immense ; elle a été chantée par le grand poète lyrique hongrois, Pétöfi. Tout comme du désert africain se dégage un mirage, le *deli Bat* des chanteurs, qui place sous les yeux du voyageur égaré dans le steppe quelque maison qui se mire dans un lac transparent ou une cité splendide aux multiples tours.

Grâce au régime terrien, immuable depuis des siècles, de très considérables étendues de terrain sont la propriété de deux ou trois cents familles et exploitées par un prolétariat agraire qui est

loin d'être satisfait de son sort ; quatre pieux
fichés en terre, au-dessus un toit de roseaux et
comme murs des parois de terre battue, telle est
la demeure toujours la même, toujours consi-
dérée comme provisoire, de millions et de millions d'êtres humains, depuis les frontières occidentales de la monarchie hongroise jusqu'aux
rivages désolés de la Mer Noire. Et comment
s'étonner si sa nourriture étant en harmonie avec
son logement, du maïs et toujours du maïs, trop
souvent avarié, le paysan hongrois a tenté d'amé-
liorer son sort par la manière forte. L'introduction des machines agricoles américaines ayant,
par la diminution du nombre d'ouvriers, réduit à
la misère une foule de travailleurs agricoles, la
faim les poussa aux pires extrémités; la révolte
fut sévèrement réprimée mais une formidable émi-
gration s'organisa vers l'Amérique ; le mal prit
des allures menaçantes et a atteint ces dernières
années de telles proportions que la Hongrie est
devenue le seul pays d'Europe à population absolument stationnaire ; les récents événements dont
elle est le théâtre ne sont pas certainement de
nature à atténuer le mal.

Budapest et ses monuments disparaissent à
l'horizon, tandis que, du vapeur qui descend le
Danube, l'œil n'aperçoit, à droite comme à gauche, que plaines immenses, marécages sans fin
ou cultures indéfinies. Mohacs oblige le voyageur

à sortir de sa torpeur ; ce nom, en effet, rappelle le combat où, le 28 août 1523, la monarchie hongroise sombra avec Louis VI. « Mohacs, dit un vieux chant populaire, Mohacs, plaine funèbre rougie du sang de nos héros, cimetière de notre grandeur nationale ». Puis c'est Péterwarden où, en 1716, le prince Eugène écrasa l'armée de Damad Ali et lui prit cent cinquante drapeaux. Plus à l'est, sur la Tisza, c'est Zenta, où le même général, en 1697, brisa la force ottomane ; puis le Danube, descendant de Budapest du nord au sud, et la Save, qui a pris sa course à quelques kilomètres de Fiume, se rejoignent en un point stratégique de haute importance : Belgrade. Et, pour ce motif, la capitale serbe devait être l'objet de toutes les convoitises des peuples voisins. Les Romains y avaient fondé une colonie : Singidunum. Les Turcs livrèrent assaut sur assaut avant de s'en rendre maîtres : Mohammed II, qui avait juré de triompher de toute résistance, vit ses troupes fondre devant les formidables remparts défendus par Jean Hunyad. Le sultan blessé dut battre en retraite, abandonnant toute son artillerie et perdant 24.000 hommes (1456). Un demi-siècle plus tard, Soliman II paraissait sous Belgrade et voyait repousser vingt assauts de sa formidable armée, quand le mauvais esprit de la population obligea la garnison à capituler. Pendant cent cinquante ans, les Ottomans, grâce à l'occupation de Belgrade, devaient être les maîtres de la Hongrie.

Entre la ville et sa citadelle s'étendait jadis une esplanade où, sur des poteaux élevés, les Turcs

exhibaient des têtes sanglantes. Sur la plate-forme
de sinistre mémoire s'étale aujourd'hui un jardin
public verdoyant et fleuri d'où la vue s'étend, au
pied de la colline, sur la Save, plus loin sur le confluent des deux fleuves qui ont chacun une largeur
d'un kilomètre, sur l'île de la Guerre, et plus loin
encore, sur les maisons blanches de Zimony dont
les clochers se découpent sur le ciel bleu.

La rive gauche du Danube longe un territoire
administrativement distinct des autres, que l'on
nommait « confins militaires » et qui était placé
sous l'autorité directe du ministère impérial de la
Guerre. Là, tout habitant est soldat depuis la
naissance jusqu'à la mort. La gestion des affaires
civiles appartient à des officiers qui font également
fonction de juges. Régiments, bataillons, compagnies, ce sont les dénominations que porte la
carte, depuis Carlstadt en Illyrie jusqu'aux frontières de Roumanie ; on compte ainsi treize régiments qui, en cas de mobilisation, peuvent ali-
gner cinquante-cinq mille hommes. Aux fronta-
liers (Grenzer) est confiée la garde d'avant-postes
chargés, suivant les circonstances, soit de s'opposer aux incursions des Turcs, au temps où ces
derniers tenaient la rive droite du fleuve, soit de
former un cordon sanitaire contre la peste. Peu ou
pas de solde. De modestes domaines, concédés
à titre d'usufruit, font vivre les soldats-labou-
reurs dont les fils sont forcément enrôlés et dont

les filles n'acquièrent de droit sur le champ de leur père que si elles épousent un soldat. Cette organisation qui remonte aux premières apparitions des Turcs sur le Danube, le maréchal Marmont la qualifiait de « véritable création de génie ». Qu'en reste-t-il aujourd'hui ?

Après le village de Grodska, près duquel les impériaux, défaits par les Turcs en 1739, furent amenés à signer la paix de Belgrade, s'étend parallèlement au fleuve la forteresse de Semendria ; s'avançant comme un promontoire jusqu'au milieu du cours de l'eau, en cet endroit fort large, elle offre aux regards une longue muraille hérissée de vingt-sept tours carrées. Ces tours s'entr'ouvrent de façon inquiétante, les créneaux sont ébrêchés et, malgré tout, l'ensemble forme une décoration superbe. Une fois dépassée la ville de Semendria, longtemps masquée par sa forteresse, s'ouvre la vallée verdoyante de la Morava, la plus habitée, la plus fertile de la Serbie. La Morava, formée des deux cours d'eau de ce nom, l'un serbe et l'autre bulgare, coupe la Serbie en deux parties à peu près égales ; elle aboutit au Danube à peu près à mi-chemin de Semendria et de Passarowitz où, en 1718, se conclut la paix entre la Turquie et l'Autriche.

A Baziac aboutit une voie ferrée destinée à franchir le fleuve et à se prolonger vers le sud. Les événements récents vont-ils hâter le moment prévu par les constructeurs et qu'ont retardé les rivalités, les révolutions, les guerres ? La tristesse des rives fait bientôt ressortir ce qu'offre d’imposant Golombacs, les plus belles des ruines posées sur une pyramide de roches nues émergeant des flots ; ce sont les restes d’une forteresse romaine, constitués par des donjons, de petites échauguettes, des remparts crénelés supportant une gigantesque tour, le tout uniformément rougeâtre et ne formant qu’un bloc. Résistant aux coups des barbares comme à ceux des Turcs, la forteresse abrita successivement des soldats disciplinés et de simples brigands doublés de pirates ; tel ce Mandrin de l’Orient, Borutcha, autour de qui s’est formée une légende qui survit aux révolutions comme aux invasions.

Un défilé de montagnes élevées, digues gigantesques qui, pendant des siècles, empêchaient la mer hongroise de s’échapper vers l’Orient, comme elle le fit le jour où, par un travail séculaire, les flots eurent percé la roche, offre à la vue le spectacle le plus attachant : c’est le défilé de Kasan. Une route célèbre qui mène de Drentova à Orsova suit le flanc de la montagne ; elle fut construite par le comte Szecheny et ne fait pas oublier la voie de communication due à Trajan, qui servait à la fois de route et de chemin de halage. Le fleuve a ici sa largeur minima : 112 mètres. A l’extrémité du défilé, se détache, au flanc de la montagne, la célèbre « table » de Trajan sur laquelle se distinguent des débris d’inscriptions exaltant le pontife souverain, fils du divin Nerva, César, Imperator.

Après avoir dépassé Orsova, bourgade mal bâtie, qui tirait son importance de tous les organes

propres à une ville frontière, les eaux du Danube
s'étalent sur une largeur de mille cinq cents mètres pour pénétrer bientôt dans un nouveau bief
de récifs, celui des Portes de Fer, jadis redouté
de la navigation, mais n'offrant plus de dangers
grâce aux travaux des nigénieurs. Le fleuve entre dans son quatrième grand bassin, entièrement compris dans le royaume de Roumanie ; il
y formera une vaste courbe de 85o kilomètres.

Sur tout son parcours en Roumanie, le Danube
longe une immense plaine de terre noire, d'une
fécondité incomparable, éminemment propre à
la culture des céréales : blé, avoine, maïs, produits qui forment pour le pays des éléments d'exportation d'une importance exceptionnelle. Habitée par une démocratie rurale, nombreuse,
apte au travail, la Roumanie souffre du même mal
que la Hongrie : une disproportion exagérée entre la grande et la petite propriété. Si d'une part
l'emploi de la motoculture permet de passer de la
culture extensive à la culture intensive, si surtout l'application des lois votées sur la propriété
amène la création d'une classe nombreuse de petits propriétaires, l'avenir de la Roumanie apparaîtra aux yeux de ses amis plein des plus riches promesses.

Une fois dépassée la ville de Turnu-Severin,
avec les vestiges du pont romain qu'y bâtit Trajan et qu'Hadrien fit détruire, une remarque
s'impose : les deux rives diffèrent d'aspect du
tout au tout. Le fleuve appuie vers la Bulgarie
et tandis que la berge méridionale, rongée par

les eaux, se présente sous l'aspect d'une colline modérée, offrant de la résistance, celle du Nord, habitée par d'innombrables castors, se confond avec les plaines basses qui s'étendent à perte de vue. L'avantage, qui coûte à la Bulgarie chaque année quelques centimètres de terrain, reste à l'Etat méridional qui jouit d'un climat salubre et qui voit la plupart des villes riveraines s'élever sur son sol.

Une autre conséquence d'une telle situation et qui s'est manifestée pendant la guerre de 1876-1877, c'est que le passage du fleuve est aussi aisé pour les riverains méridionaux que difficile pour les troupes venant du nord. Citer les villes de Widdin, Rahova, Nicopoli, Sistova, Roustchouck, Silistrie, Rassova, Hirsovo, Braïla, Galatz, c'est confirmer la remarque.

Prononcer le nom de Galatz, c'est appeler l'attention sur une cité qui tire son importance non seulement du commerce des céréales qui fait sa richesse, mais aussi de la présence dans son sein de la commission européenne du Danube, cet organisme dont il n'est pas permis, au cours de cette étude, de passer sous silence le fonctionnement passé et futur.

Les principes de la liberté de la navigation figurant à l'acte de Vienne de 1815 ont pris une forme libérale au congrès de Paris de 1856 lorsqu'on y décida la constitution d'une commission européenne qui s'occuperait des travaux d'amélioration de la navigation aux bouches du fleuve et cela parce que la Turquie, riveraine à cette époque des bouches du Danube, était dans l'impossibilité d'exécuter de pareils travaux et que la principauté danubienne était en somme sous la suzeraineté de la Turquie.

La commission avait un caractère purement technique ; son mandat était limité jusqu'à l'achèvement des travaux aux bouches du fleuve.

Plus tard, le mandat en question a été non seulement prolongé, mais l'acte de Berlin de 1878 conféra à la commission un pouvoir d'administration absolument indépendant des autorités territoriales ; le reste du fleuve, en aval de Galatz, devait être administré par une commission de riverains qui n'a d'ailleurs jamais existé.

Si pour le Danube on a essayé du régime de l'internationalisation dans le sens le plus large. c'est-à-dire en complète indépendance des autorités territoriales, convient-il de maintenir ce régime pour l'avenir ? Là où a fonctionné une commission internationale travaillant en complète indépendance des autorités territoriales, il surgit inévitablement des conflits avec les autorités, lesquelles n'ont pu regarder et ne pourront jamais regarder d'un œil favorable toute atteinte du droit de suzeraineté territoriale.

Et alors comment arriver à la conciliation des droits de toutes les nations à utiliser le cours naturel d'un fleuve avec les droits des pays riverains que la nature a situés de telle sorte que ce fleuve constitue pour eux un organe indispensable de leur mouvement économique, une sorte de patrimoine national ?

Afin que le principe de la liberté absolue de la navigation devienne une réalité pour toutes les nations qui bénéficient également de l'eau qui traverse plusieurs pays, il est nécessaire, semble-t-il, que cette eau soit internationalisée dans le sens de l'institution d'une commission internationale composée des représentants des pays non riverains intéressés et des représentants des pays riverains. Aux riverains seraient confiés l'exécution et l'entretien des travaux sur le chenal navigable en conformité avec les projets qui seront approuvés par la commission internationale ; lorsque les riverains se refuseraient à exécuter les travaux, et seulement dans ce cas, la commission internationale désignerait le pays qu'elle chargerait de l'exécution de ces travaux où, le cas échéant, elle les exécuterait elle-même directement. La commission internationale ayant pour rôle de coordonner et d'approuver les travaux d'amélioration, c'est à elle également qu'incomberait le droit d'approuver les taxes que les bâtiments devront acquitter sans exception pour le recouvrement du coût des travaux décidés après devis préalablement examiné et approuvé par ladite commission.

A la commission incomberait encore une tâche : celle d'élaborer des règlements de police et de navigation uniformes et égaux pour le cours entier du fleuve déclaré international, l'application de ces règlements incombant aux organes des pays riverains.

Quel que soit, sur ce point spécial, le parti auquel s'arrêtera la Conférence de Paris, les amis de la vaillante nation roumaine ne peuvent que se réjouir des perspectives d'avenir qui s'ouvrent à elle : entourés d'une Russie que la révolution a mise hors d'état de leur nuire, d'une Bulgarie réduite, par une juste arrêt, à d'équitables proportions, mis en possession de la Transylvanie et de la Bessarabie où leurs frères souffrirent d'une cruelle oppression, les descendants des soldats de Trajan peuvent de tous côtés porter un regard confiant. Si, en effet, ils tournent le dos à l'Europe, ils envisagent les perspectives qui s'ouvrent à eux du côté de la mer Noire ; certes, la rive basse du triste port de Sulina, cette création de la commission européenne, n'est guère faite pour inciter l'esprit aux pensers ambitieux. Ovide exilé ne se plaignait-il pas, seul, relégué près des embouchures du Danube, en butte aux froids de l'ourse glacée, à peine séparé par la largeur du fleuve des hordes sauvages de Gètes. Et tout de même, ces vents qui soufflent du large, ils ont passé sur la métropole du blé, Odessa, cette création d'un grand Français, le duc de Richelieu, qui lui fait tant d'honneur ; ils ont effleuré les rives de la Chersonèse, proche des pays du fer et du charbon ; ils arrivent du Caucase où jaillit le combustible liquide ; et ces pays que la civilisation a, seulement depuis le règne de la grande Catherine, arrachés à la barbarie, ils ne demandent qu'à vivre, à produire, à trafiquer. La pensée s'élance également vers les rives méridionales de la mer Noire où la Grande Guerre vient de faire œuvre de libération et arracher à la mort ce qui reste de tout un peuple. Le grand fleuve sera la voie qui, de notre Strasbourg, mènera à ces régions nouvelles les fils de la vieille Europe. Après avoir montré l'importance européenne du Danube et ses réalités, n'était-il pas permis en dépit des difficultés de l'heure présente, de soulever le voile d'un avenir plein de promesses ?

1922.

CHAPITRE II

EN TCHÉCO-SLOVAQUIE

Au début de la guerre mondiale, au mois d'octobre 1915, alors que les Allemands occupaient dix départements français en plus de la Belgique, que les armées russes fléchissaient partout sous l'effort germano-autrichien, que Constantinople était délivrée définitivement de la menace franco-anglaise, parut un livre appelé à un sérieux retentissement, l'Europe centrale (Mittel Europa), par Frédéric Naumann.

L'auteur s'était acquis une grande réputation par l'action qu'il avait exercée, tant par la plume que par la parole, sur la vie publique en Allemagne; doué d'une réelle éloquence, il entra au Reichstag comme défenseur des idées du parti démocrate ; il parlait rarement, mais chaque fois qu'il prenait la parole, grande était l'impression qu'il produisait. Sa personnalité, son talent, son autorité, sa réputation, sa dialectique brillante qui rendait particulièrement attrayante la lecture de son livre n'eussent pas suffi à provoquer la sensation qu'il éveilla si ce livre n'était venu à point pour cristalliser les pensées qui, depuis 1914, bouillonnaient dans bien des cerveaux, et cela, chez les hommes politiques des deux monarchies. — Que voulait Naumann ? — Unir d'une manière complète, au point de vue militaire, politique et économique l'Allemagne, l'Autriche et la Hongrie. — Il rêvait en somme de tirer toutes ses conséquences de la politique d'entente avec l'Autriche inaugurée par le Prince de Bismarck en 1872 avec Andrassy et scellée en 1878 au Congrès de Berlin, de la politique nettement antislave, de la politique qui aboutit à l'explosion de 1914. — Et tout naturellement Naumann prévoyait l'accession au groupement qu'il préconisait non seulement de la Turquie, mais surtout de la Bulgarie vers laquelle allait toute sa sympathie. De vastes exposés historiques, des théories humanitaires, des considérations toutes imprégnées d'un pacifisme à très lointaine échéance, voilà ce que valut à Naumann toute la faveur des pangermanistes les plus ardents. Et bientôt la défaite de la Roumanie devait assurer l'entrée forcée de cette puissance dans le système, tandis que de la Pologne on ne parlait que pour affirmer que la Galicie ne pouvait pas ne pas être associée aux destinées de l'Allemagne.

Les années passèrent avec les alternatives qui sont dans toutes les mémoires. Quatre années et demie d'une guerre effroyable où les soldats de la France firent leur devoir et plus que leur devoir, non seulement sur le sol natal, mais aussi en Macédoine, en Egypte, en Palestine, en Afrique occidentale, quatre années et plus d'une lutte qui devait mettre un terme définitif au rêve de

Naumann alors qu'il était à demi réalisé. Et avec l'écroulement des deux empires *allemand et austro-hongrois, avec la libération des peuples qu'ils avaient asservis, l'Europe centrale, depuis le Traité de Versailles, présente un aspect tout autre que celui auquel donnaient leur patronnage Naumann et ses amis : six années se sont écoulées depuis que les nouveaux Etats ont vu le jour après des péripéties diverses. Le moment ne serait-il pas venu de chercher à démêler de quelle manière fonctionnent ces machines politiques au mécanisme improvisé, menées par des hommes à qui semblait faire défaut l'expérience des affaires et qui, d'une existence consacrée à la destruction d'un ordre de choses exécré, paraissaient avoir tiré tout le contraire des qualités d'ordre continu, d'application tenace, de prévoyante patience qui caractérisent les bons bergers. C'est un examen qui doit tenter quiconque ne reste pas étranger à l'élaboration d'un monde nouveau, d'un monde forgé par la Victoire au service du Droit, d'un monde dont l'heureux développement est pour nous, Français, d'un intérêt constant, qu'il s'agisse de la Tchéco-Slovaquie marchant d'un pas assuré dans la voie du progrès, de la Yougo-Slavie plus lente à prendre son essor, de la Roumanie, que des difficultés momentanées retiennent dans son élan vers un très brillant avenir, de la Pologne enfin sauvée de la destruction par nos généraux.

*
* *

Parmi les Etats nouveaux créés par le Traité de Versailles, certains, tels la Hongrie ou l'Autriche, ont l'avantage de se présenter d'emblée en un tout compact, avec un territoire bien délimité et une population occupant de temps immémorial la terre qui la nourrit, parlant la même langue, façonnée aux mêmes habitudes. On ne peut en dire autant ni de la Pologne, constituée de trois parties, de trois tronçons ayant chacun vécu près de cinquante ans d'une vie spéciale sous la domination de trois Empires ayant eux-mêmes des allures différentes, ni de la Tchéco-Slovaquie qui a vu accoler à la vieille Bohême, marchant dans le sillage allemand, la Slovaquie soumise jadis à la domination de la Hongrie. Dans quelles conditions les unes et les autres sont-elles arrivées à la liberté ? C'est ce qu'il convient d'examiner avant d'étudier les éléments actuels de vie du nouvel Etat.

L'histoire de la Bohême présente le plus dramatique intérêt et le récit des infortunes imméritées de ce beau pays mérite d'être brièvement rappelé.

Sans remonter à l'époque des grandes invasions ni chercher à démêler les événements qui suivirent l'introduction du christianisme, il suffit de noter qu'au xe siècle de notre ère les pays tchèques, les trois pays de la couronne de Bohême, se dégagèrent de l'emprise allemande qui s'était étendue sur eux. Une grande puissance

tchèque figura de la Mer du Nord à l'Adriatique ;
son plus grand monarque fut Ottocar II. Avec
les souverains de la Maison de Luxembourg, la
Bohême devint ensuite l'un des plus glorieux
Etats de l'Europe : Charles IV, fils de ce Jean
l'Aveugle qui se fit tuer à Crécy, fonda l'Arche-
vêché et l'Université de Prague, celle-ci fille aînée
de l'Université de Paris, et remplit sa capitale de
monuments édifiés par des architectes français.
Puis se produisit le mouvement hussite, à la fois
anti-allemand, anti-romain, anti-aristocratique.
A la voix du pape, une armée de croisés, surtout
Allemands, se jette sur la Bohême ; mais les Tchèques, les Taborites ainsi nommés de la montagne où ils se réunissaient, défont les Impériaux,
puis, promenant à travers l'Allemagne leurs
redoutables chars de combat, installent leurs
camps, véritables villes errantes, jusque sur les
rives de la Baltique. Jean Huss était mort, brûlé
vif sur l'ordre du Concile de Constance, mais on
a pu dire qu'il avait succombé en « promoteur
de l'idée nationale tchèque et en héros moral de
la Bohême ». Et, en effet, Huss dénonça l'inso-
lence de ces étrangers qui prétendaeint dominer
en maîtres dans un royaume qui n'avait eu d'autre tort que de ne pas prévoir leur arrogance et
leur avait ouvert une trop large et trop généreuse
hospitalité. « Les Tchèques, dit-il dans un de ses
sermons, sont plus misérables que les chiens,
parce qu'un chien, si un autre chien veut prendre sa niche, se défend, mais nous, les Allemands
nous oppriment et ils occupent toutes les charges

publiques sans que nous osions élever la voix ».
— « Les Tchèques, dit-il encore au moment où, dans l'Université, se débat la question de la majorité allemande ou slave, doivent être les premiers dans leur patrie comme les Allemands ont la première place en Allemagne et les Français en France ».

Huss, apparaît à tous ses compatriotes comme le précurseur et le défenseur de l'idée nationale ; il n'est pas l'ennemi de l'Allemagne mais revendique seulement pour ses compatriotes leurs droits légitimes, n'admettant pas qu'une race étrangère domine dans un pays qui n'est pas le sien. Les Allemands n'ont jamais admis pareille outrecuidance : ils regardent les Tchèques comme une race inférieure, destinée à disparaître dans l'Océan germanique. Quoiqu'il en fût, la lutte se termina par la victoire, mais ce grand effort épuisa les Tchèques : agités de querelles religieuses et de conflits sociaux, gouvernés, sauf sous le roi national Georges de Podiebrad, par des princes polonais incapables, les pays de la couronne de Bohême passent en 1526, en même temps que la Hongrie, sous le sceptre de Ferdinand Ier, frère de Charles-Quint, plus tard lui-même empereur. Le nouveau souverain et ses successeurs jurent de respecter l'indépendance et les libertés du royaume : mais tout leur effort tend à le souder indissolublement à leurs Etats allemands, à le germaniser. Le conflit, conflit de nationalité et de religion, éclate en 1618, lorsqu'à la défénestration de Prague, éclate la guerre de

Trente ans et se succèdent les plus effroyables misères: dès le début de la lutte, en 1620, la bataille de la Montagne Blanche, près de Prague, marque l'origine d'une période de deux siècles pendant laquelle la nation tchèque, décapitée, tombe en oubli. La répression autrichienne fait coup double : elle supprime la vieille aristocratie autochtone et lui en substitue une autre toute autrichienne, donc toute allemande. C'est une tourbe d'aventuriers venus de Flandre, d'Italie, d'Allemagne qui se rue comme une volée de vautours sur les cadavres tchèques. Elle décime aussi la bourgeoisie, qui se voit contrainte à chercher la liberté de son culte dans l'exil, quand elle ne subit pas docilement les impulsions de la cour, quand elle ne livre pas ses enfants aux maîtres venus du dehors et ne leur enseigne pas que, pour s'élever à une place supérieure et échapper à la plus misérable des conditions, ils n'ont d'autre moyen que de plier l'échine sous le joug de l'ennemi héréditaire. Il n'y a plus que des paysans : les éléments sociaux supérieurs sont allemands. Marie-Thérèse et son fils Joseph II suppriment à l'envi les dernières traces de l'ancienne indépendance, mais avec les brutalités de ce dernier coïncident les grandes journées de la Révolution française. Sous l'influence de linguistes, d'historiens et d'archéologues, la nation tchèque reprend peu à peu conscience d'elle-même et vers 1830 le mouvement devient politique, la revendication des droits de la race se confond avec celle de l'indépendance du Royaume. Aussi lorsque la Révolution de 1848 abat Metternich, la Bohême obtient-elle la reconnaissance de son individualité historique et l'égalité des langues tchèque et allemande. De leur côté, les Slovaques réclament leurs droits de nationalité libre et égale à celle des Magyars.

Maintenir, consolider, étendre la liberté qu'elle a conquise, telle fut pendant la période qui s'étend entre 1848 et la guerre mondiale la tâche que s'attribua la Tchéco-Slovaquie. A la conclusion du compromis austro-hongrois, elle est coupée en deux par la nouvelle organisation dualiste de la monarchie : en Cisleithanie, la loi électorale met les Tchèques en minorité permanente vis-à-vis des Allemands. En Transleithanie, les Slovaques sont livrés aux Magyars : bien qu'ils forment le dixième de la population du royaume de Hongrie, ils n'ont, à la Chambre des représentants qu'un deux-centième des sièges de députés. Une lutte méthodique, acharnée, permet aux Tchèques de devenir pour les Allemands de redoutables adversaires : le Gouvernement autrichien doit compter avec eux. Moins heureux, les Slovaques ne réussissent à donner à leurs concitoyens aucune part d'influence dans leurs destinées, dont la classe dirigeante magyare reste seule maîtresse ; leurs protestations même les plus modérées sont réprimées avec violence. L'heure de la libération devait enfin sonner.

Comme chacun le sait, le président Wilson, dans ses déclarations avait proclamé ce principe que le critérium linguistique serait adopté en ce qui concernait la détermination des frontières politiques : une exception à cette règle fut admise. Les Tchèques demandaient non seulement leur union avec leurs cousins les Slovaques de Hongrie septentrionale, ce qui était compréhensible après les services rendus par les réclamants pendant la guerre, mais ils souhaitaient aussi ces territoires peuplés d'un grand nombre de Magyars et d'Allemands. La bordure septentrionale du territoire de la Bohême étant presque exclusivement peuplée des éléments en question, une stricte application du principe des nationalités en Moravie et en Silésie eût attribué environ trois millions d'Allemands à l'Autriche. Les Tchèques soutinrent que si l'on privait la Bohême de sa frontière historique et géographique elle se trouverait sans défense quelque jour contre une agression germanique ; de plus, ce serait, dirent-ils, porter un coup mortel à la vie économique du nouvel Etat que de lui enlever des régions indispensables à la prospérité industrielle de la Bohême. En effet, les localités visées, bien qu'habitées par des Allemands, se trouvaient étroitement liées au point de vue économique avec les localités tchèques séparées de l'Allemagne. D'une séparation les habitants eux-mêmes eussent souffert. Les anciennes frontières historiques de la

Bohême et de la Moravie furent adoptées par les commissions chargées de préparer le Traité de Paix. Les Tchèques, tout en soutenant le principe du maintien des frontières historiques, en demandèrent cependant la modification du côté de la Hongrie de manière à permettre au nouvel Etat tchéco-slovaque de s'étendre de ce côté. Sans ces localités magyares, disaient-ils, la Slovaquie montagneuse, qui n'est nullement traversée par des vallées se dirigeant de l'Est à l'Ouest, serait pratiquement dénuée de communication entre une partie de son territoire, la principale à l'Ouest, et l'autre, à l'Est. L'accession des Commissions à ces vues eut pour fondement cet autre principe du président Wilson d'après lequel chaque Etat a droit à des conditions lui permettant d'assurer son existence économique. Et ce fut ainsi que la Tchéco-Slovaquie devint un Etat polyglotte comptant parmi ses quatorze millions d'habitants presque un tiers d'Allemands, de Magyars et de Ruthènes.

Sur quelles terres vivent ces êtres humains ? Le sol de la Bohême, au nord de la Moravie et de la Silésie occidentale, est un vieux plateau granitique qui appartient aux plus anciens soulèvements de l'Europe ; en Slovaquie, les montagnes Tatra, Métallifères, Petites Carpathes forment un noyau de terrains anciens faisant face à la Bohême. Entre les deux, c'est la vallée de la Morava qui, après avoir franchi l'obstacle des Petites Carpathes se continue entre le Danube et les Montagnes Slovaques dans le bassin de Presbourg.

En somme, de l'Est à l'Ouest, l'Etat nouveau compte mille kilomètres de longueur, la Bohême de forme ovoïde, à l'Ouest et, à l'Est, son annexe la Tchéco-Slovaquie ; et sur ce territoire, l'Elbe qui porte à la Mer du Nord les eaux du Mont des Géants, la Vetava qui amène vers l'Elbe des eaux qui déjà pendant des centaines de kilomètres ont porté radeaux et bateaux, et enfin le Danube, qui coule au sud de la frontière de Bohême, mais qui sert de frontière méridionale à la Slovaquie, recevant la Morava, le torrentueux Vah qui, sur 400 kilomètres, se déroule en un vaste croissant. Les eaux du versant oriental de la Slovaquie et aussi celles des Carpathes orientales vont au Danube par la Tiza. Cette étendue de terre est habitée par 8.759.186 Tchécoslovaques, 3.122.390 Allemands, 745.935 Magyars, et 459.346 Ruthènes d'après les résultats du recensement de février 1921, qui, librement exécuté, modifiait, dans un sens facile à deviner, les chiffres précédemment inscrits.

Quelles ressources le territoire ainsi délimité, sur lequel vivent treize millions et demi d'habitants, met-il à la disposition de son jeune gouvernement au point de vue économique ?

La réponse paraîtra complètement satisfaisante.

Et tout d'abord ne peut-on avancer sans crainte de contradiction, qu'une source de bénéfices pour un Etat, tout au moins, la cause de profits en prestige et en considération, et cela dans tous les pays du monde, c'est une belle capitale. A ce point de vue, la Tchéco-Slovaquie est servie à souhait, puisque de l'avis unanime, Prague est une des plus glorieuses cités du monde. Pour les indigènes comme pour leurs aïeux, elle est « le soleil parmi les cités ». La colline du Hradschin, couronnée de son palais immense, le rocher fortifié de Vysehrad où les maisons les plus anciennes de la ville s'élevaient déjà dans des temps anciens, les ponts, les passerelles, les viaducs de la voie ferrée qui réunissent les deux parties de la cité, la Vlatawa baignant des îlots de verdure et s'épanouissant en un lac ; tout cet assemblage d'attraits variés forme de la ville aux mille tours un ensemble unique. La position géographique de Prague la prédestinait par ailleurs, dès ses origines, à un brillant avenir. Au confluent de voies naturelles ouvertes à toutes les régions montagneuses, elle centralise, en vue de leur redistribution, les produits des hautes vallées comme de la plaine. Pour la résistance aux entreprises de violence, elle est comme un réduit accueillant à tous : aussi, convergeant de tous côtés vers Prague, les voies ferrées en ont, depuis quelques années, singulièrement accru l'importance et en ont fait, du temps de l'Empire, la troisième ville de l'Autriche-Hongrie après Vienne et Budapest.

En matière industrielle, les Tchèques se sont de vieille date acquis une réputation méritée et, par le fait, la plus grande partie de l'industrie austro-hongroise était concentrée dans l'ancien royaume de Wenceslas. L'industrie sucrière s'y trouve entièrement centralisée, à part quelques raffineries situées en Yougo-Slavie. L'industrie cotonnière y est établie pour une proportion de 80 % du total de l'ex-monarchie, travaillant avec trois millions et demi de broches, soit le double des chiffres de Belgique ou de Suisse ; l'industrie lainière possède 92 % des métiers de l'ancienne Autriche et les deux tiers de ses broches ; l'industrie linière, propre à la Slovaquie, est presque entièrement sur le territoire du nouvel Etat. Pour l'industrie du fer, les pays tchèques fournissaient un peu plus de la moitié du fer produit dans l'ancienne Autriche et la Slovaquie ; les fonderies, forges et aciéries situées en Bohême prennent rang parmi les plus importants établissements d'Europe ; les usines de Skoda jouissent d'une renommée universelle et avec une aide purement française, celle de notre Creusot, ont substitué à la fabrication des canons qui ont bombardé Maubeuge, celle des locomotives, des ponts et des machines qu'utiliseront les hommes de bonne volonté.

Les richesses naturelles de Bohême sont de haute importance. Si le charbon n'a donné en 1920 que onze millions de tonnes, insuffisantes à la consommation, la lignite a atteint dix-neuf millions de tonnes. D'autres trésors sont enfouis dans le sol ; par exemple l'or (extraction en 1917) 130 tonnes ; l'argent, 27.500 tonnes ; le fer, 990 tonnes ; le plomb, 8.000 tonnes ; le kaolin et le feldspath ont donné naissance à une importante industrie de la porcelaine : citons les innombrables sources minérales dont les produits figurent à l'exportation pour un chiffre intéressant. D'importants gisements de pétrole ont été repérés et à côté de l'énergie qu'on en tirera, l'utilisation des forces hydrauliques peut permettre à la Tchéco-Slovaquie d'envisager sans crainte le moment où ses réserves de charbon seront épuisées.

Pour terminer la revue des éléments de prospérité dont la nature a gratifié la Tchéco-Slovaquie, notons que sa terre d'ailleurs fertile est exploitée à fond, 4 % de la superficie seulement restant improductif, tandis que ce chiffre s'élève à 10 en Allemagne, à 13 en France et à 15 en Grande-Bretagne. De la culture de la betterave, le pays retire de beaux bénéfices ; il fournit 15 % environ de la production mondiale de sucre de betterave ; cette quote-part, après s'être élevée à 1.158.000 tonnes en moyenne pour la période 1909-1920, s'est maintenue depuis la guerre aux environs de 800.000 tonnes. La culture du houblon, celle de l'orge, d'excellentes récoltes fruitières, l'exploitation forestière, qui fait vivre de nombreuses fabriques de meubles, des scieries, voilà qui complète heureusement une brève énumération de richesses agricoles du pays.

A sa position géographique, la Tchéco-Slovaquie doit de voir se croiser sur son territoire deux grands courants de la circulation européenne, l'un vertical, de la Mer du Nord vers l'Egée, l'autre horizontal, d'Angleterre et de France vers l'Europe orientale. Evidemment ces courants sont marqués par des voies ferrées, mais le pouvoir central avait toujours en vue l'intérêt de sa Capitale, et c'est ainsi que les chemins de fer de la Bohême orientale convergent dans la direction de Vienne ; en Slovaquie orientale, la frontière coupe onze lignes verticales dont six dirigées vers Budapest ; sur le territoire tchéco-slovaque pas de ligne directe pour une distance à vol d'oiseau de 3oo kilomètres, mais un trajet de 45o. Bientôt une ligne directe courra de Prague vers la Bohême orientale, Cracovie-Prerov-Zilina, qui rejoindra la vallée de la Morava à celle du Vah en évitant le passage d'une voie ferrée le long de la frontière polonaise ; puis la ligne cntrale de Slovaquie Bratislava-Kosice-Uzhorod donnera à la carte des chemins de fer tchéco-slovaques un aspect tout autre, améliorant la position stratégique de la République et aidant grandement à l'essor de son commerce. Pour les deux tiers propriété de l'Etat, le réseau ferré atteint une longueur de 13.3i6 kilomètres, dont 1.622 à double voie ; le rapport de la longueur des voies ferrées à la superficie est exactement le même qu'en France, soit 9 k. 4oo pour 100 kilomètres carrés.

L'intérêt évident des Alliés est de favoriser toute mesure qui, rapprochant la Pologne de la Tchéco-Slovaquie, développera entre elles le sentiment de leur solidarité, comme toute combinaison qui, en diminuant la distance de Prague à l'Occident, mènera plus intimement la Tchéco-

Slovaquie à toute la vie Européenne dont la politique ferroviaire autrichienne semblait prendre à tâche de la tenir isolée.

Par quel mécanisme est, en Tchéco-Slovaquie, mobilisée la richesse ?

Et tout d'abord à quels chiffres peut être évaluée cette richesse ? Le « Lloyds Investment Service » parle de cinquante milliards de couronnes or et, quant à la production, elle était, avant la guerre, évaluée à 2.600.000 couronnes. Depuis cinquante ans, la Bohême a vu naître des banques importantes tant tchèques qu'allemandes et à la fin de 1922, il n'y avait pas moins dans l'ancien Royaume, de quarante et une banques y compris les établissements nouveaux formés de la transformation en instituts autonomes des succursales d'établissements autrichiens tels que la Bank für Handel und Industrie, ou la Bömische Kommerzial Bank. Le capital de tous ces établissements atteint 1.900.000 couronnes.

Les méthodes de travail des établissements tchèques diffèrent essentiellement par leur hardiesse des méthodes françaises : leur bilan révèle quelle est l'importance des avances, aussi bien garanties que non garanties, par rapport au portefeuille commercial et elles ont l'habitude d'annexer à leurs services des départements s'occupant d'affaires commerciales. Les Banques se spécialisent par branches d'industries, telles la Zivnostenka Banka pour le sucre, la métallurgie, la céramique, l'alcool, la Banque de Crédit de Prague pour le sucre et les textiles, la Banque pour le Commerce et l'Industrie pour le sucre d'abord puis pour tous autres produits.

Leurs « Unions de Banques » s'occupent de déterminer le taux des dépôts et des avances ; l'une fonctionne à Prague pour la Bohême, l'autre à Bratislava pour la Slovaquie.

L'examen des bilans, en particulier ceux de 1922, permet de formuler quelques remarques, la manière dont on procède en Tchéco-Slovaquie restant celle qui a été indiquée sur les résultats obtenus : ils se manifestent par une progression régulière et du capital, et du bénéfice et du rapport du bénéfice au capital ; par ailleurs, le poste effets de commerce a décuplé depuis la fin des hostilités, le poste débiteurs, a plus que quintuplé depuis 1918 et les dépôts d'épargne ont plus que triplé.

Il n'y a pas de raison de supposer que les années suivantes aient apporté quelque modification à l'allure générale des Banques telle qu'on a cherché à en donner l'idée.

*
* *

...Nous tissons.

Vieille Autriche, nous tissons ton linceul !

... Ce vers de Henri Heine était certainement le mot d'ordre dont s'inspiraient aux Etats-Unis, en France, en Italie, en Russie d'Europe, même en Sibérie, sur tous les continents, ces patriotes Tchéco-Slovaques qui s'organisant, s'encadrant intelligemment obéissaient à une stricte discipline pour former ensuite ces unités dont l'éloge venait complet, sans réserves, à la bouche de tous ceux qui les virent combattre.

Les légionnaires Tchèques auront enseigné au monde comment on fait des soldats de métier : dans quel pays en effet, l'éducation physique et militaire de la jeunesse, et aussi l'éducation patriotique a-t-elle été l'objet des mêmes soins qu'en Bohême ? Les Sokols, ces Sociétés de gymnastique qu'imitèrent les autres pays slaves d'Autriche, furent pour la jeunesse asservie comme le refuge où se conservait l'esprit de liberté et aussi de cohésion, de discipline, d'entente. Et de fait, plus ou moins clairement, à échéance plus ou moins lointaine, on voyait dans le Sokol le futur soldat de la patrie restaurée et un cœur exclusivement Tchèque battait sous l'uniforme Autrichien d'où chaque Tchèque s'évadait avec empressement non par sentiment antimilitariste, mais pour prendre rang dans ses propres organisations militaires, s'y exalter d'un enthousiasme patriotique, pour s'y préparer à reconquérir la liberté et l'indépendance. Si bien qu'au moment où il prenait en main l'organisation de l'armée Tchéco-Slovaque, le très regretté Général Pellé pouvait dire avec raison : « La République Tchéco-Slovaque a trouvé dans l'organisation des Sokols une éducation militaire qui pourrait servir d'exemple aux grandes puissances ». Aujourd'hui les institutions militaires constituent un compromis entre l'idée des milices dont le principe est inscrit dans la loi pour être

appliqué aussitôt que possible, et l'organisation
plus forte que commandent la situation géographique du pays et les circonstances politiques. La
Tchéco-Slovaquie, en effet, n'est-elle pas environ-
née d'Etats dont aucun n'a encore trouvé son
équilibre et qui tous songent soit à quelque revendication, soit à une vengeance ? La loi militaire
de 1920, établie avec la collaboration de la mission militaire française, fixe le service à deux ans
jusqu'en 1924, dix-huit mois de 1924 à 1927, à
quatorze mois à partir de 1927. Chaque classe
donne environs 75.000 hommes ; le territoire est
divisé en quatre régions militaires : Bohème, Moravie, Silésie et Slovaquie et en subdivisions.

Dressée d'après les méthodes françaises et ani-
mée du sentiment patriotique le plus ardent, l'armée Tchéco-Slovaque constitue un élément de
force des plus appréciable et entre efficacement
en ligne parmi tous les éléments d'influence dont
dispose le nouvel Etat.

L'importance de son territoire, les conditions
heureuses dans lesquelles la nature l'a placé, les
productions qui font sa richesse, tant au point de
vue agricole qu'au point de vue minier, les hautes
qualités intellectuelles et morales qui distinguent
sa population, tout fait de la Bohème le centre de
la nouvelle Europe centrale, Prague devenant pour
la diplomatie un poste d'action, et non plus seulement d'observation, de haute importance. Aussi

est-il particulièrement intéressant pour l'avenir de se rendre compte de ce qu'ont été depuis la paix les relations du nouvel Etat avec les Alliés puis avec ses voisins : Allemagne, Autriche, Pologne, Hongrie, Yougo-Slavie et Roumanie.

Que dit-on à Prague des Alliés ? Rien à quoi ceux-ci puissent trouver à redire. « Si nous tenons compte, dit-on dans la capitale de l'ancienne Bohème du fait que les directives de notre politique vis-à-vis des Alliés ont pour fondement les relations et les traditions qui ont pris naissance et se sont développées pendant la guerre et au cours des négociations de paix ; si on veut bien constater que nous avons réussi à établir de nouveaux liens avec des pays tels que la Pologne, la Yougo-Slavie et la Roumanie amis de l'Entente, on en tirera cette conséquence que, devenus indépendants nous resterons dans la voie que nous avons prise quand nous amenions nos amis à nous aider. L'alliance avec l'Entente est une alliance des aspirations, des idées, des buts contre quiconque menacerait cette alliance. Et celle-ci devra se manifester dans le domaine économique comme dans le domaine financier. En face du bloc allié se dresse un autre bloc, le bloc Russe. Et ici, il faut bien le reconnaître, les Tchèques ont toujours fait profession pour la Russie de la plus grande sympathie. La réciprocité était complète : n'était-ce pas Prague que, chaque fois que le slavisme voulait manifester sa vitalité vis-à-vis du germanisme triomphant, il choisissait pour point de ralliement ? La ruine des rêves russes a certainement changé bien des choses et avec M. W. Churchill on peut bien dire : « Je ne peux, s'écriait-il naguère aux Communes, me délivrer de l'anxiété que je ressens devant le danger d'une Russie hostile et d'une Allemagne avide de revanche, comprenant toutes deux que leurs malheurs sont venus pour une large part de ce qu'elles étaient divisées et que leur fortune se pourrait rétablir si elles étaient unies. » C'est pourquoi devant une situation aussi troublée, en raison du long temps qui s'écoulera avant le moment où la Russie retrouvera son équilibre, conserve-t-on à Prague les sentiments profondément sympathiques d'antan, mais devant les incertitudes de l'avenir on se garde de manifestations en faveur de tel ou tel personnage Russe, de telle fraction, on ne peut dire de l'opinion, mais des habitants d'un territoire quelconque de l'ex-Empire. Par ailleurs, les Tchéco-Slovaques, qui ont adopté les idées françaises de droit et de paix, ne pourront-ils se faire en Russie les propagateurs de ces idées, tout en luttant contre la pénétration économique germanique et en disputant à l'élément allemand, avec l'aide de la France, la place dont il cherche à s'emparer ?

« La base juridique de nos rapports avec Berlin ce sont : et le Traité de Versailles et la Société des Nations. A côté de cette base, il y a la vie de tous les jours, il y a la politique. » Voilà ce qui se dit couramment à Prague.

La sympathie est exclue de part et d'autre des relations et il ne saurait en être autrement. Devant un de nos compatriotes qui devant Mommsen parlait de la bonne impression que les Tchèques avaient produite sur lui, le savant professeur, très °passionné d'ailleurs, très partial, s'écria : « Faire l'éloge des Slaves ! C'est inadmissible ! Les Slaves sont des gens arriérés. Ils ne progresseront que dans la mesure où ils accepteront de se placer dans les cadres de notre civilisation germanique. » Mais pour entendre une voix plus autorisée que l'écho dont on a donné la note, écoutons la parole de M. Bénès : « Pour la première fois, déclarait-il à un représentant de la presse française, depuis des siècles la Tchéco-Slovaquie se trouve en face de l'Allemagne, aussi bien en droit qu'en fait, comme Etat indépendant. Pour la première fois les représentants Tchéco-Slovaques ont signé avec elle un acte solennel, le Traité de paix de Versailles. En méditant sur notre histoire qui n'a enregistré que des luttes avec le Germain, en méditant les leçons de la grande guerre qui vient de se terminer, je puis fixer la nature des rapports de Prague avec Berlin, et cela en tenant compte des points suivants ».

« Tout d'abord, si nous entrons comme Etat indépendant dans la Société des Nations, l'Allemagne n'en fait pas encore partie, et cela, parce qu'elle ne peut, par suite de sa politique passée, encore être admise dans ladite agrégation ; mais elle y figurera un jour et nous devons par suite prendre à son égard une attitude conforme à cette perspective ».

« Nous sommes une nation alliée de par notre confraternité pendant la guerre, ensuite de notre

collaboration avec tous nos alliés pendant les négociations de paix. C'est une question d'honneur
politique, de loyauté, de sincérité qui nous dicte
de persister dans cette attitude, d'autant plus que
tout le bloc des pays entre dans la Société des Nations et se trouve lié par ses décisions ». « Nous
savons qu'aucun des alliés, et la France moins
qu'un autre, n'a l'intention de nous engager dans
une politique d'hostilité inutile vis-à-vis de l'Allemagne ; nos alliés n'ont aucun intérêt à se servir
de nous contre la politique allemande, et leur opinion commune est dictée par le désir général de
voir régner dans l'avenir, entre l'Allemagne et
nous, des rapports qui répondent aux principes
constants de la Société des Nations. Enfin, notre
principale arme contre l'Allemagne a été l'attitude
correcte, la loyauté et la franchise avec lesquelles
nous nous sommes défendus contre la suprématie
et même contre la violence allemande ».

A cette déclaration qui reste toujours d'actua-
lité, qu'y a-t-il à redire ? Elle dissipe les craintes
des Allemands de Tchéco-Slovaquie et ils ne peuvent qu'applaudir à l'attitude conciliante du gouvernement de Prague vis-à-vis de Berlin, restant
entendu, comme la chose a été hautement proclamée, que subsistera l'esprit et la lettre de l'Alliance.

Et maintenant les voisins ? Il y a parmi les
nouveaux venus sur la scène mondiale des protagonistes à qui l'on a repris, au profit de la Bohème
ce qu'ils avaient usurpé jadis. Peut-on demander
à Vienne et à Budapest d'accepter d'un cœur

léger la « diminutio capitis » que l'élévation de Prague au rang de capitale leur inflige ? Peut-on leur demander, et il n'en est d'ailleurs plus question, de s'associer avec la Tchéco-Slovaquie en vue d'un Zollverein quelconque ? Prague, oubliant les mauvais procédés dont l'initiative venait jadis de Vienne et de Budapest comprend parfaitement que les Alliés désirent maintenir à l'ancienne capitale de l'Empire une certaine importance et ne voient aucun inconvénient à ce que, ses comptes une fois réglés, on assigne à Vienne la place désirée par elle sur la carte de l'Europe.

Les relations avec la Roumanie et la Pologne sont empreintes de la plus grande correction : la Tchéco-Slovaquie désire qu'elles soient établies de telle sorte qu'une sécurité absolue lui soit assurée. Avec la première de ces puissances, aucun heurt ne s'est jamais produit, ne l'oublions pas. Si la Roumanie a adhéré à la Petite Entente, l'affaire de Teschen est venue singulièrement refroidir les relations avec la seconde. Le charbon de ce district de Silésie qui, s'étendant sur 2.282 kilomètres carrés compte 426.370 habitants, excitait les convoitises des voisins Polonais et Tchèques ; ceux-ci réclamaient une solution favorable à leurs intérêts économiques comme à leur politique ferroviaire. La Conférence des Ambassadeurs fut chargée de statuer ; les parties s'inclinèrent devant la décision, mais non sans récriminations. Sous l'effet du temps, l'aigreur s'est atténuée et aujourd'hui semble prédominer le sentiment des intérêts supérieurs d'un pays comme de l'autre.

Du côté de la Yougo-Slavie que dire, sinon qu'elle a adhéré pour ainsi dire spontanément, tant était vivace le souvenir d'une commune oppression, à la « Convention défensive » qui fut l'origine de la Petite-Entente. Ce premier accord passé entre M. Bénès et M. Nintchitch, ministre intérimaire des Affaires étrangères de Serbie, était valable pour deux ans ; il obligeait les hautes parties contractantes à concourir à la défense l'une de l'autre en cas d'attaque non provoquée de la Hongrie, et leur interdisait de conclure une alliance avec une tierce puissance sans s'en être au préalable réciproquement avisées. Il fut signé à Belgrade, le 14 août 1920 et le lendemain, M. Bénès exposait dans les termes suivants au correspondant du *Journal des Débats*, à Belgrade, la portée du nouveau pacte :

« Le règlement du statut territorial de la République Tchéco-Slovaque est maintenant définitif. Mon principal objectif doit être désormais d'en assurer la stricte exécution. Nous n'avons nulle intention de nous lancer dans des aventures extérieures, mais, notre consolidation intérieure étant acquise, notre désir est de profiter de cette circonstance pour collaborer avec l'Entente au rétablissement définitif de la paix générale. Tel a été le but de mon voyage. Nous voulons pratiquer une politique de larges horizons visant à la stabilisation de l'Europe centrale. Cette politique est profitable aux Alliés, auxquels elle apporte un renforcement d'autorité. Nous sommes également heureux de démontrer à ceux qui regrettent le démembrement de l'Autriche ou qui rêvent d'une Confédération danubienne que l'Europe centrale et sud-orientale peut parfaitement se consolider par voie d'entente directe entre les principaux héritiers de la Double-Monarchie. Nous avons, en outre, un but spécial qui est de faire entendre aux Magyars qu'ils doivent s'assagir et cesser d'être un foyer de troubles. Ici encore, ce ne sont pas des intérêts nationaux égoïstes qui nous guident, mais ceux de la paix européenne que nous prenons en mains. »

Une convention Tchéco-Roumaine, en date du 23 avril 1921, un accord Roumano-Yougo-Slave du 8 juin 1921, et enfin trois conventions militaires entre les mêmes pays, constituent définitivement la manière dont certains objets devront à l'avenir être envisagés.

Venue au jour en juin 1921, la Petite-Entente, un instant ébranlée par les discussions plutôt aigres auxquelles avait donné lieu le règlement définitif des frontières, trouva deux occasions de manifester fortement son unité d'action. Une première fois, le 27 mai 1921, l'ex-empereur Charles apparaît en Hongrie ; tandis que la Conférence des Ambassadeurs constate que la restauration d'un Habsbourg mettait en péril les bases mêmes de la paix, et qu'elle ne pourrait être ni reconnue, ni tolérée, elle invitait le Gouvernement Hongrois à prendre des mesures efficaces pour enrayer une tentative dont le succès, même momentané ne pourrait avoir pour la Hongrie que de désastreuses conséquences ; en même temps, les représentants à Budapest de Yougo-Slavie, de Roumanie et de Tchéco-Slovaquie intervenaient vivement auprès du Gouvernement Hongrois et, le 3o mars, M. Bénès faisait connaître qu'il était disposé à prendre, avec les Etats amis les mesures suivantes, si l'ex-Empereur ne quittait pas immédiatement la Hongrie : 1° rupture des relations avec Budapest ; 2° démonstration militaire contre la Hongrie. Bien que l'Assemblée Nationale magyare eût approuvé l'attitude constitutionnelle de l'amiral Horthy, on eut l'impression que le Gouvernement Hongrois restait passif en face de Charles de Habsbourg, peu pressé de quitter le territoire hongrois, et les ministres du royaume Serbe-Croate-Slovène, de Roumanie et de Tchéco-Slovaquie, recevaient de leurs gouvernements l'ordre d'agir en commun pour obtenir l'éloignement de l'Empereur. Ce dernier rendait inutile toute démarche en quittant le pays.

Cette crise avait démontré que la Petite-Entente existait et fonctionnait avant même la signature des engagements à l'étude ; elle montrait la Hongrie enserrée dans des alliances solides et réduite à l'impuissance. Et la Tchéco-Slovaquie y trouvait son intérêt : par ses liaisons avec la Roumanie et le royaume des Serbes, des Croates et des Slovènes, elle s'affranchissait de la dépendance allemande en déplaçant son centre de gravité économique aussi bien vers le Sud que vers le Sud-Est.

Une seconde équipée de Charles, provoquée par les encouragements d'amis mal éclairés sur les sentiments de ses anciens sujets, se produisit au mois d'octobre 1921. Les Etats de la Petite-Entente s'émurent et tandis que la Tchéco-Slovaquie, sous l'impulsion de M. Bénès, mobilisait, imitée aussitôt par la Yougo-Slavie, les représentants des Cabinets de Prague, Belgrade et Bucarest engagaient à Budapest une offensive diplomatique dont M. Bénès prenait l'initiative par la déclaration suivante :

« Notre attitude est règlée comme suit :

« 1° La présence de l'ex-empereur sur le sol hongrois est un *casus belli*. Nous procédons, sans retard aux préparatifs de la mobilisation et nous n'hésiterons pas à prendre les mesures les plus énergiques, en commun accord avec les autres membres de la Petite-Entente ;

« 2° Même dans le cas où Charles de Habsbourg serait éloigné de la Hongrie, nous recourrons aux moyens diplomatiques nécessaires et exercerons la plus grande pression, au besoin même par la force armée, pour obtenir la liquidation de la question des Habsbourg en Hongrie et pour écarter définitivement le danger créé par la Maison de Habsbourg dans l'Europe centrale. »

C'est sur cette base que la Petite-Entente engagea son offensive. La Grande-Entente en fut avisée et une fois de plus elle imposa sa volonté par l'entremise de la Conférence des Ambassadeurs, mais ce qu'il y a à retenir des conditions dans lesquelles se termina la seconde équipée de

Charles, c'est l'intervention de la Pologne : celle-ci, en effet, avait agi avec autant de loyauté que de désintéressement. Dès le 24 octobre, M. Skirmunt avait spontanément déclaré aux représentants de la Petite-Entente à Varsovie qu'il se solidarisait avec eux dans la question des Habsbourg : de l'épreuve, la Pologne sortait étroitement liée aux intérêts et à la politique du nouveau Groupement ; celui-ci d'ailleurs, à la Conférence de Gênes obtenait, grâce à l'appui de la France, à figurer comme un seul bloc.

Une série d'ententes économiques passées entre les membres du Groupement et dont M. Bénès prit souvent l'initiative heureuse, renforça singulièrement les accords purement politiques auxquels il a été fait allusion.

Et à propos des services que l'on peut attendre d'un Groupement qui est né spontanément de la force même des choses, notons que, aussitôt constituée, l'Entente tint, secondée par la Pologne, à effectuer une démarche à Vienne pour avertir le Gouvernement autrichien qu'elle considérerait comme une violation des traités toute tentative de rattachement à l'Allemagne.

Si la Conférence de la Paix n'a peut-être pas étudié avec assez de soin le problème de l'accès de la Tchéco-Slovaquie à la mer, et cela au moyen d'un couloir tracé au travers des îlots slaves qui forment chapelet le long de la frontière ancienne entre la Hongrie et l'Autriche, il y a une puissance qui n'en a conçu aucun regret : c'est l'Italie et en raison de l'amitié qui unit les Slaves de

Tchéco-Slovaquie aux Yougo-Slaves, de l'intention où ils sont de faire face à tout adversaire des uns comme des autres, on comprend que la politique italienne ne provoque pas d'enthousiasme à Prague. En dépit de cette déclaration fréquemment répétée dans les journaux italiens, à savoir que l'accès de la Tchéco-Slovaquie à la mer rencontrera la plus vive opposition de la part de l'Italie, le langage de la presse tchèque est toujours mesuré et ne fait allusion qu'à la politique d'entente amicale et loyale pratiquée pendant la guerre.

On a vu sur quelles bases solides, agriculture, industrie, voies de communication, armée, reposait l'Etat tchéco-slovaque. Quels sont les hommes qui ont été amenés à mettre en œuvre ces forces? On en cite trois, MM. Massaryk, Bénès et Kramar.

Le premier, fils du peuple, de condition si modeste qu'il lui fallut interrompre ses études pour faire l'apprentissage de serrurier-charron, est, à trente-deux ans, porté à la Chaire de Philosophie de l'Université de Prague. Il y exerce son influence non seulement sur ses jeunes compatriotes, mais aussi, sur des milliers de jeunes slaves : Serbes, Croates, Bulgares et Russes, dont il forme la conscience civique. Et la philosophie politique et sociale qu'il leur enseigne, c'est la doctrine de Jean Huss et des frères prêcheurs, où se concilient jusqu'à se confondre l'amour de la nationalité et de l'humanité. En politique, il donne ardemment la chasse aux préjugés à la mode, il fonde un parti en opposant la vérité à l'erreur, à l'illusion et le nomme parti réaliste. Sa notoriété devient européenne lorsqu'après la crise de l'annexion de la Bosnie-Herzégovine il dénonce, au cours du célèbre procès d'Agram, la fourberie de la politique autrichienne et révèle à l'Europe les dessous abominables de ce procès et de bien d'autres, la frauduleuse origine des documents produits, les faux-témoignages apportés, lorsque par ses déclarations véhémentes au Comte d'Aerenthall dans une séance solennelle des Délégations autrichiennes, il prend délibérément position. En 1914, après avoir étudié la situation à l'étranger et s'y être assuré des contacts qui le préservent du risque d'être, en exil, un isolé, il quitte Prague en décembre 1914 pour y rentrer exactement quatre années plus tard en triomphe et président de l'Etat affranchi. Entre temps, en Italie, en Suisse, en France, en Angleterre, en Russie, aux Etats-Unis, il défend sa cause par les seuls arguments de la raison, met sur pied les légions tchéco-slovaques de Russie, ces légions dont les exploits ont rendu populaire en Occident le nom de la nouvelle nation, organisant le Conseil National de Paris dont la transformation en gouvernement provisoire a précédé d'un mois la proclamation de la République à Prague. Elu président le 14 novembre 1918, confirmé le 27 mai 1920 par le premier Parlement constitutionnel, il exerce sur sa nation une magistrature plus morale que politique, montrant au monde comment doit se comporter une démocratie moderne, et partageant avec ses ministres les succès dûs à leur politique commune.

Depuis la fondation de la République, M. Edouard Bénès est, comme ministre des Affaires Etrangères, associé à l'activité du président Massaryck, dont il a été l'élève à l'Université et dont il reste le disciple respectueux. Après de longues études à Prague, Paris, Berlin et Londres, où l'avaient attiré le droit, l'économie politique et la sociologie, la guerre le trouvait, à trente ans, professeur à l'Université et sans autre ambition que de continuer l'enseignement de M. Massaryck, mais lorsqu'il fut nécessaire de donner à ce dernier un collaborateur pour les tâches diverses qu'il avait entreprises au loin, le choix unanime se porta sur M. Bénès qui, ayant, en septembre 1915, franchi la frontière et traversé l'Allemagne, vint s'établir à Paris où son œuvre de guerre fut importante : au programme de l'indépendance tchéco-slovaque, à la conception d'une nouvelle Europe centrale délivrée du joug allemand, c'est-à-dire aux idées de M. Massaryck, il conquit à la fois l'opinion publique occidentale et les représentants officiels des Alliés. Secrétaire du Conseil National, ministre des Affaires Etrangères du Gouvernement provisoire, puis de la République, délégué à la Conférence de la Paix et à la Société des Nations, il a conquis une autorité personnelle dont son pays bénéficie largement et aujourd'hui le rôle éminent qu'il a joué dans plusieurs circonstances importantes fait reconnaître en lui l'un des cerveaux les plus constructifs de l'Europe contemporaine. N'a-t-il pas joué le rôle important que nous avons rappelé dans la constitution de la Petite-Entente et dans ses manifestations[o]? N'a-t-il pas donné la preuve d'un esprit politique hors pair en s'associant sans arrière-pensée aux efforts de l'Europe dans la si importante affaire de la reconstitution de l'Autriche ?

Un seul homme, au début de la République, jouissait d'une popularité comparable à celle de M. Massaryck : c'était M. Kramar. Pendant la guerre il fut condamné à mort par un conseil de guerre autrichien, puis gracié. Bien connu en raison des discours qu'il avait prononcés au Reichsrath contre la politique germanophile en Autriche, il fut premier délégué de son pays à la Conférence de la Paix. Mais une crise ministérielle l'ayant, dès juin 1919, classé dans l'opposition, la Tchéco-Slovaquie se trouva privée de la sorte de ses talents et de sa connaissance tant de la politique que de l'économie internationale.

Avec de tels chefs de file, doublés eux-mêmes d'une pléiade d'hommes faisant grande figure dans leur pays et lui rendant d'éminents services, la Tchéco-Slovaquie a déjà pris situation dans le nouveau monde issu de la grande guerre : non seulement elle a donné des preuves de sagesse et fourni ces manifestations de forces précieuses à enregistrer dans cette Europe centrale toujours et pour longtemps encore en désarroi, mais sans vaine ostentation, avec réserve et modération elle intervient de la manière la plus opportune dans les affaires de ses voisins en tant qu'elles intéressent les siennes propres. Et ce n'est un mystère pour personne que, dans cette action heureuse, le Cabinet de Prague marche en plein accord avec celui de Paris pour le bien des deux pays comme de l'Europe.

Et l'on ne peut mieux terminer cet exposé de la situation présente de la Tchéco-Slovaquie qu'en visant l'événement capital qui s'est récemment produit et qui est venu resserrer les liens étroits établis entre les deux Etats depuis la fondation de la République Tchéco-Slovaque : il s'agit de la proclamation d'une alliance entre Paris et Prague que d'aucuns font remonter, soit à la bataille de Crécy où le roi Jean de Luxembourg tombait avec ses chevaliers tchèques parmi les chevaliers français, soit aux jours sombres de décembre 1870, quand la Diète de Bohême élevait sa protestation contre l'annexion de l'Alsace-Lorraine que l'Allemagne victorieuse annonçait impérieusement. Pour d'autres l'alliance remonte tout simplement au mois d'octobre 1915 : à ce moment, M. Bénès, comme on l'a rappelé plus haut, arrivait à Paris à un moment tragique de la guerre qui apparaissait pour nous si grave ; il apportait malgré tout, la conviction que l'affranchissement de son pays ne pouvait, ne devait être obtenu qu'avec et par l'aide de la France et aujourd'hui la France

considère le Traité comme l'aboutissement naturel de la politique dont chacun, depuis cette date
éloignée a pu suivre tous les développements et
qui a pour objet la confirmation du Traité de
Versailles en ce qui concerne toutes ses stipulations et en particulier la reconnaissance des Etats
« successeurs ».

Que contient exactement le Traité ?

Rien qui soit de nature à opposer les intérêts
des parties contractantes à ceux d'autres nations,
mais bien tout ce qui peut maintenir un régime
de paix, d'indépendance, d'égalité où toutes les
nations peuvent trouver la sauvegarde de leurs
droits. On y trouve deux engagements généraux
et trois spéciaux. Par les premiers, les contractants s'engagent à se concerter et à prendre des
mesures si la sécurité des deux pays est menacée
et s'il est porté atteinte aux traités dont ils sont
l'un et l'autre signataires ; d'autre part à employer
obligatoiremnt l'arbitrage pour trancher toutes les
questions litigieuses qui se poseraient entre les
deux pays et qui ne pourraient être réglées par la
voie diplomatique. Que dire de ces stipulations
sinon qu'elles donnent un excellent exemple et
ne portent ombrage à personne. Pour les engagements spéciaux, ils sont conformes à la politique
même que les Alliés ont définie pendant la guerre
et après l'armistice : ils sont dirigés contre la restauration des Honhenzollern, contre celle des
Habsbourg, et contre tout acte par lequel l'Autriche, sans que le Conseil de la Société des Nations y ait consenti, serait annexée à l'Allemagne.

Pas de convention militaire annexe : on sait cependant quelles sont aujourd'hui à ce point de vue les relations des deux pays : une mission française à la tête de laquelle le général Mittelhauser a remplacé le général Pellé, a été chargée d'organiser l'armée tchéco-slovaque. En outre, les deux états-majors de Paris et de Prague se consultent chaque fois qu'il est nécessaire.

La collaboration étroite, fondée sur l'application et le respect des Traités que prévoit le récent accord, ne peut avoir que les plus heureux résultats en ce qui concerne le maintien d'une paix moins précaire certes aujourd'hui qu'hier, mais qui demande à ê re consolidée. Désormais unie à la France par des liens intimes, mais entretenant des relations d'égale amitié avec les autres Alliés, le Gouvernement tchéco-slovaque se trouvera en excellente posture pour persévérer dans cette politique de reconstruction progressive personnelle comme de reconstruction européenne qui est celle de la France, celle de M. Massaryck, et que M. Bénès saura défendre en même temps auprès des Alliés, dans les réunions périodiques des représentants de la Petite-Entente comme dans les conciliabules de la Société des Nations.

Novembre 1924.

CHAPITRE III

EN YOUGO-SLAVIE

« Si l'Autriche n'existait pas, il faudrait d'inventer. » Cet aphorisme d'un diplomate facétieux (il y en a ou du moins il y en avait) a fait fortune et la conservation de l'Empire des Habsbourg, que dis-je son accroissement, a fait jusqu'à la guerre mondiale l'objet des préoccupations constantes, parfois même bienveillantes, de la diplomatie européenne. On reconnaissait, en effet, les services qu'avaient rendus les Habsbourg en maintenant l'union entre des nationalités naturellement indépendantes et en épargnant aux pays de la vallée du Danube des luttes intestines qui marquent la vie agitée des contrées balkaniques. Et quels seraient, se demandait-on, les effets d'une dislocation économique, indépendamment de ceux que produiraient la jalousie et l'ambition, chez tous les peuples courbés sous la férule de la bureaucratie autrichienne une fois qu'ils en seraient libérés ? Ces problèmes étaient couramment discutés dans les revues et les journaux, et sur le mode le plus rétrograde par ceux-là même qui, au cours de la grande guerre, sont devenus les plus ardents à porter la hache dans le vieil édifice vermoulu.

L'Etat qui s'est constitué sous le nom de Yougo-Slavie est, de tous les nouveaux agrégats nés en 1918, celui qui a eu à mettre en œuvre pour en arriver à ses fins, le plus d'éléments hétérogènes, à savoir, deux monarchies, Serbie et Monténégro, des provinces soumises à des régimes différents, Croatie et Bosnie-Herzégovine, sans oublier les Slovènes de Hongrie.

Quel avait été le passé de ces groupements ? La Serbie tout d'abord, qui devint fatalement le noyau de la combinaison, jouissait de son indépendance depuis le Congrès de Berlin et c'est même de l'attentat commis par l'Autriche envers cette indépendance qu'est sortie, personne ne l'oubliera, la conflagration universelle.

Le passé des Serbes aussi bien que des Croates, si celui des Slovaques est sans éclat, est marqué par des événements qui ne sont pas dénués de grandeur : leur histoire éclaire les revendications récentes des Yougo-slaves et cette histoire qui, jusqu'au XIX° siècle, n'était qu'un ensemble confus de chroniques et de traditions ne présentant par suite, que des contours à peine formés, a été fixée par des savants tels que Ivan Raïtch, Smiciclas, Voïnovitch : grâce à eux, l'obscur problème des Slaves du Sud est devenu la très sérieuse question internationale aujourd'hui résolue.

Jusqu'au IX° siècle, ce ne sont qu'invasions, exodes, luttes contre les Slaves arrivant du Danube, ou les Romains venant du Nord-Ouest : les ruines laissées par ces derniers à Goloubatz, à Naïssus, patrie de l'Empereur Constantin, à Diocletia, à Spalato, les traces de la célèbre Via Egnatia qui joignait les deux mers de Thessalonique à Dyrrachium, ne sont qu'un décor lointain et fastueux, mais étranger à ces migrations qui transportaient, de la Russie méridionale vers les territoires balkaniques, les Slaves qui, sous le nom de Serbes et convertis au christianisme, prennent Belgrade pour capitale, tandis que Croates et Slovènes débordaient au nord de l'Adriatique. Au ix° siècle, on voit les Slovaques de la côte obliger Venise à payer tribut pour disposer de la mer. Les trois peuples songent à réaliser leur unité, pensée qui devint leur grande idée nationale ; tantôt isolés, tantôt concertés, ils luttent contre les ennemis communs, Bulgares ou Germains. La dynastie Serbe de Nemanitch, à partir du xii° siècle, établit la prépondérance slave dans les Balkans. Puis le Tzar Douchan construit un vaste Empire Serbe ; le Banat de Bosnie conteste à l'Etat Serbe la conduite du monde Slave ; il défend contre Magyars et Ottomans les terres Serbes et Croates. Grandeur éphémère : les Turcs devaient l'emporter sur la Maritza en 1371, à Kossovo en 1389. La résistance des Serbes fut glorieuse : toute la race s'en prévalut durant les siècles qui suivirent et au cours desquels s'engagea une lutte permanente contre les Turcs.

La domination ottomane va s'affirmant, impérieuse, sans contre-poids, sur toute la Péninsule des Balkans jusqu' àla fin du xvii° siècle, mais loin de réduire l'esprit national des peuples asservis, elle raffermit l'union des Serbes, des Bosniaques et des Croates qui souffrent des mêmes misères, mais nourrissent le même rêve : parvenir à la libération.

L'histoire de la résistance Slave est une des plus glorieuses de la lutte entre l'Islam et la chrétienté : peu de défaillances à part celle de ce Serbe renégat qui fut grand vizir sous le nom d'Achmet et que ses compatriotes, d'âge en âge, vouèrent à l'exécration de la race. Par ailleurs ne sont-ce pas des Slaves qui forment l'élite de ces contingents constitués également de Hongrois et de Valaques que Jean Hunyday mène au combat en 1443 ? Après avoir subi de sérieux échecs, les Turcs sont à même de préparer une répression contre laquelle réagit vigoureusement la solidarité yougoslave : chefs de bande bosniaques, haïdiuques, montagnards serbes, Ouskoques serbes et croates sillonnant l'Adriatique, tous poursuivent la lutte sans céder, même au temps de Soliman le Magnifique. Puis, vieux Serbes, Serbes de Bosnie, Dalmates, Croates et Slovènes luttent ensemble, retranchés dans le petit royaume de Bosnie ; mais la cavalerie ottomane avance à travers l'Istrie et le Frioul, jusqu'à la marche Trévisane...

A partir de la fin du xvii° siècle, le flot de l'invasion Turque, après avoir tout emporté, recule ; tandis que le Prince Eugène triomphe des Ottomans en Hongrie, de tous les sommets de la Slavie Balkanique accourent des bandes de montagnards farouches et grâce à eux, le Prince Eugène pénètre en 1686 jusqu'au cœur de la Macédoine, mais les succès remportés, grâce à la valeur des Slaves, ne servent en rien leur cause, ils n'ont fait que changer d'adversaires et au lieu de la lutte ouverte, c'est d'abord d'une sourde hostilité que les Impériaux sont l'objet et qui naquit de traités signés par l'Autriche avec le Sultan, ceux de Carlovitz (1699), de Passarovitz (1718), de Belgrade, (1739), de Sistova (1791) : ces actes ne tiennent aucun compte des aspirations des petits peuples. Si la Russie, elle, ne voit que la conquête de Constantinople, l'Autriche n'a en perspective que la domination de la Péninsule Balkanique. Si les petits Etats Slaves, en face de l'invasion ottomane, se sont unis aux Habsbourg pour mieux supporter le choc, c'est librement : ils apportaient à cette entente leur loyalisme et leur courage militaire, mais en somme ils s'aperçoivent qu'ils ne font que changer de maîtres. Les Impériaux pendant quatre siècles usent et abusent d'eux copieusement ; quand ils voient les Slaves chercher à s'affranchir d'une oppression injuste, aucune concession : c'est une répression sanglante. Au moment même où Léopold Ier préparait l'annulation des privilèges reconnus aux Croates par sa dynastie, les Seigneurs Zrinsky et Frankopan sont, en 1671, condamnés et exécutés. L'idée de la résistance nécessaire contre la politique d'assimilation des Habsbourg n'en reste pas moins vivace, bien au contraire, chez les Croates, dont les Etats-Généraux, sommés par l'Empereur Charles VI de reconnaître la pragmatique sanction, insistèrent sur la nature volontaire et libre du lien qui les soumettait au seul Roi de Hongrie ; chez les Yougoslaves de l'Est, même attitude indépendante.

*
* *

Pour sainement apprécier la situation présente du Royaume des Serbes, des Croates et des Slovènes, il convient de rappeler les événements dont les Balkans furent le théâtre depuis le Congrès de Berlin jusqu'à la guerre mondiale.

Du jour où le Prince de Bismarck montra à l'Autriche de quel côté orienter ses destinées et où, entrant pleinement dans les vues du démon tentateur, le Comte Andrassy se donna comme programme d'englober d'abord les pays serbes dans une union douanière et puis d'imposer au Sultan un contrôle autrichien de l'Albanie et de la Macédoine, l'homme d'Etat austro-hongrois sut gagner à sa cause le Gouvernement français : M. Waddington ne crut-il pas devoir, par une circulaire aux ambassadeurs de la République à Londres et à Saint-Pétersbourg recommander les désirs du Cabinet de Vienne à la Russie comme à l'Angleterre ? Le Comte Andrassy finit par se faire offrir la Bosnie et l'Herzégovine par l'un des Plénipotentiaires anglais au Congrès de Berlin, par Lord Salisbury.

Que fait la Russie ? Liée à l'Allemagne et à l'Autriche par une série de Conventions, elle ne peut réagir et l'action de l'Autriche va s'accélérant au point que le Prince Hohenlohe et même le

Prince de Bismarck s'en inquiètent au moment de l'avènement de Guillaume II ; Bismarck, soucieux de ne pas compromettre dans des aventures l'incomparable fortune du jeune Empire allemand, se déclare partisan d'une entente avec l'Autriche et avec la Russie : il le proclame dans ses « Pensées et souvenirs » tout comme le Prince de Hohenlohe dans ses « Mémoires ».

Son renvoi brutal est le prélude d'une politique défensive vis-à-vis de la Russie. Mais à partire de 1890, le gouvernement des Tzars se rendant compte de la situation avait pris son parti : il s'écarte des deux empires, prépare son évolution vers la France, mais il a le grand tort, aussitôt conclue l'alliance franco-russe, de se laisser entraîner vers l'Extrême-Orient. La guerre malheureuse contre le Japon, la Révolution de 1905, les entrevues intempestives du Tzar avec Guillaume II. autant de facteurs qui paralysent dans les Balkans l'action des protecteurs des Slaves du Sud.

Et entre temps l'Autriche tient sous sa férule le roi Milan de Serbie de 1878 à 1889 et son fils Alexandre, de 1889 à 1903. Par un régime douanier très serré est durement comprimée la vie économique de la Serbie. Tandis qu'à Belgrade les agents Impériaux surveillent les moindres velléités nationalistes, le roi Milan, sous l'inspiration du Comte Kevenhuller, le Ministre d'Autriche, va jusqu'à faire une guerre malheureuse à la Bulgarie. L'attitude par trop servile de Milan et de son fils vis-à-vis du Cabinet de Vienne finit par exaspérer les colères des patriotes serbes : la défénestration du 11 juin 1903 met fin à la dynastie des Obrenowitch et avec Pierre Karajeorgevitch commence une ère de résistance à laquelle correspond le ministère plutôt conciliant du Comte Goluchowski. Deux incidents marquent cette période : la signature, malgré l'Autriche, qui avait fermé ses frontières aux produits serbes, d'un traité de commerce avec la Bulgarie et la préférence donnée au Creusot sur Krupp pour la réfection de l'artillerie serbe. Le ministre polonais Goluchowski ne peut résister à cette double épreuve ; en 1906, il dut céder la place au Comte d'Aerenthall, diplomate de l'ère de Metternich et défenseur des doctrines les plus foncièrement anti-slaves : c'est dire qu'il devait pratiquer le mépris le plus complet du droit des gens et des règles de la morale courante. Il le prouva en traitant à la manière forte la question Sud-Slave, qu'il s'agît des provinces Croates, Serbes ou Slovènes de la monarchie, ou des Etats libres, du moins en apparence, de Serbie et de Monténégro.

Depuis le début du xxe siècle un mouvement unitaire Serbo-Croate-Slovène se dessinait ouvertement et il importait avant tout d'y mettre obstacle : la Bosnie et l'Herzégovine, comme le Sandjak de Novibazar, confiées par le traité de Berlin à l'administration austro-hongroise, séparaient du royaume de Serbie les Slaves de l'Adriatique ; c'est en vain que des garnisons autrichiennes donnaient à ces territoires l'aspect de marches germaniques Il fallait, par un acte énergique, par quelque mesure sensationnelle, prouver au monde que l'élément Slave devait se résigner au « lasciate ogni speranza ».

La presse tout entière, le *Frehdenblatt* en tête, est mobilisée, et développe ce thème qu'en face du danger serbe il faut resserrer autour de la Serbie le cercle d'un empire puissant et de neutres hostiles. Le Baron Aerenthall consulte Sofia, où on asquiesce à tout ; Rome, où au contraire le gouvernement italien se montre hostile ; Berlin, où l'attitude du Prince de Bülow, franchement favorable, détermine la décision : l'annexion de la Bosnie-Herzégovine est annoncée officiellement le 6 octobre 1908.

Cette abrogation unilatérale d'un article d'un acte international aussi important que le traité de Berlin atteignit plusieurs buts : on violait les droits de l'Empire Ottoman, la chose était sans intérêt, mais on donnait une sévère leçon à tous les Slaves, à commencer par ceux du Sud, et cela répondait aux vœux des Allemands comme à ceux des Autrichines ; mais surtout les Austro-Allemands, par cet acte d'autorité, se flattaient d'opposer une réplique catégorique à l'accord anglo-russe du 31 août sur les affaires d'Asie, cet acte diplomatique, bien qu'ayant un caractère purement colonial ; n'avait-il pas produit le même effet qu'un traité d'alliance en bonne et due forme ? Et cela moins par l'importance des questions auxquelles était apportée une solution que par les dispositions que l'événement dénotait chez les contractants.

On avait donc bien, de Berlin, poussé à l'annexion dans le but de reconquérir un prestige diminué par ces accords ; à travers la question serbe, c'était la Russie aussi bien que l'Entente que l'on visait. Tout de même, c'est en Serbie que l'émotion fut la plus intense et alors que l'on s'attendait à un éclat depuis longtemps prévu de la part du Baron d'Aerenthall, c'est lui, au contraire, qui a recours aux puissances pour amener la Serbie à reconnaître l'annexion : son succès diplomatique fut complet et ce fut l'Angleterre qui s'employa non seulement à calmer le gouvernement serbe, mais à l'amener à la soumission en l'aidant à préparer la note humiliante par laquelle, le 31 mars, le représentant de la Serbie à Vienne notifiait sa soumission au Ball Platz : la Serbie reconnaît qu'elle n'est pas atteinte par le fait accompli en Bosnie-Herzégovine, que se rendant aux conseils des grandes puissances, elle abandonne son attitude de protestation, que changeant le cours de sa politique envers l'Autriche-Hongrie, elle s'engage à vivre avec elle sur le pied d'un bon voisinage, et qu'enfin elle ramènera son armée à l'état du printemps de 1908, en ce qui concerne son organisation, sa dislocation et son effectif.

Encouragé par ce succès, le Comte Aerenthall (le titre de Comte était venu récompenser ses efforts) se livre à une répression impitoyable du particularisme bosniaque, engage toute la série des monstrueux procès d'Agram, de Vienne et de Laybach, organise, à l'encontre du nationalisme serbe une propagande officielle en faveur d'un nationalisme exclusivement croate, pratique une compression policière sans précédent : c'est une germanisation brutale, telle que Mommsen l'a recommandée, c'est-à-dire « par la crosse et par la prison ». Mais l'excès du mal devait entraîner la perte du Bismarck viennois : les dessous odieux des affaires autrichiennes sont dévoilés et les faussaires Friedjung, Forgash et Swientochowski sont confondus ; le scandale, on se le rappelle, est immense dans l'Europe entière. Le Comte Aerenthal en est ébranlé et il ne devait pas tarder à succomber sous les attaques de ceux qui ne lui pardonnaient pas sa modération tardive devant la révélation de cette force nouvelle que représentait la Triple Entente. D'autres devaient reprendre une politique qui, affirmant chaque jour l'attitude provocante des Austro-Allemands, menait fatalement au conflit européen ; le comte Berthold allait conduire les affaires sans y apporter aucune idée personnelle, mais en subissant doublement l'influence et de l'ambassadeur d'Allemagne à Vienne, M. de Tchirsky, et du président du Conseil hongrois, le comte Tisza.

La première guerre balkanique éclate ; la chancellerie viennoise l'a préparée en unissant les belligérants contre la Turquie avec l'arrière pensée qu'ils succomberaient sans délai et qu'alors, intervenant pour barrer la route aux Ottomans et pour sauver l'existence des peuples vaincus, l'Autriche leur ravirait tout au moins la liberté et saurait, par une occupation indéfinie, réaliser le rêve des anti-slaves. La valeur serbe devait singulièrement déranger ces calculs : les premières victoires remportées sur les Turcs produisirent à Vienne de la stupeur d'abord, puis une indicible fureur, laquelle se manifesta par les mesures habituelles, vexations imposées au commerce, manœuvres audacieuses des moniteurs autrichiens devant Belgrade. A la même heure, les volontaires Serbes qui arrivent d'Amérique pour combattre les Turcs, sont acclamés à Zara, à Spalato, à Raguse ; jusque dans les plus pauvres villages de Croatie, des souscriptions sont ouvertes pour les hôpitaux de Serbie. Et puis, tandis que les Serbes s'efforcent de travailler rapidement avec la Porte au rétablissement de la paix, l'Autriche, à la Conférence de Londres, cherche à empêcher à tout prix un règlement durable des affaires Balkaniques, interdisant aux Serbes tout accès à l'Adriatique et créant un Etat d'occasion, l'Albanie qui serait un état vassal de l'Autriche. En même temps, poussée par le cabinet de Vienne, la Bulgarie se refuse à partager la Macédoine avec la Serbie, la réclame en entier avec Salonique, va jusqu'à solliciter une frontière commune bulgaro-albanaise de manière à complètement encercler sa rivale par le Sud.

Tandis que l'on négocie à Londres entre Balkaniques et qu'à Lausanne se signe le traité de paix entre la Turquie et l'Italie, une nouvelle guerre éclate : la Bulgarie attaque inopinément le 19 juin 1913, sur le Vardar inférieur, les troupes du roi Pierre qui soutinrent vaillamment le choc. Bien-

tôt, prenant l'offensive, les Serbes sur la Brigal-
nitza, les Grecs sur la Strouma, les Roumains descendant du nord sur Sofia, infligent à la Bulgarie
une défaite accablante. Les vainqueurs, malgré
que la félonie de l'agresseur méritât d'être sévèrement punie, font preuve d'une louable modération
et posent eux-mêmes le problème de la paix sur la
base de l'équilibre Balkanique et du respect des
nationalités.

Du traité de Bucarest, enregistré le 6 août 1913,
résultaient pour le yougoslavisme des progrès
considérables : le royaume Serbe accru de la Macédoine, avec Uskub et Monastir, passait de cinquante à quatre-vingt dix mille kilomètres carrés
et gagnait un million trois cent mille sujets nouveaux. Sa frontière atteignait le Vardar et soixante
kilomètres seulement la séparaient de Salonique
où elle trouvait libre accès au port.

Tout de même au tableau, quelques touches
sombres : l'accès de l'Adriatique était toujours interdit aux Serbes et le nouvel Etat Albanais, créé
au mépris du principe des nationalités, soumis au
Prince de Wied, c'est-à-dire au contrôle allemand,
se dressait à l'encontre de la politique serbe d'expansion. A ces divers points de vue, les puissances
s'inclinèrent devant la volonté de l'Autriche : faiblesse qui devait provoquer des fruits sanglants,
d'autant mieux que si, des deux guerres balkaniques elle ne tira pas un parti aussi complet que
le comportait la victoire, l'idée yougo-slave en
reçut un réconfort qui se manifesta d'une manière éclatante. Tout d'abord, les Serbes sentirent

leur foi patriotique bouillonner. L'opposition des Serbo-Croates contre les Magyars, des Slovènes contre les Allemands, des Serbes de Macédoine contre les jeunes Turcs, trouvait dans les victoires serbes un singulier encouragement et à Agram, à Spalato, à Sebenico, à Raguse, à Laybach, à Sarajevo, des manifestations enthousiastes avaient salué les succès des rois Pierre et Nicolas. Des jeunes gens avaient volé au secours de leurs frères de race et les garnisons autrichiennes du Sandjack avaient déserté en masse pour prendre part à la lutte. Le langage de la presse viennoise avait dépassé toute mesure pendant les deux guerres : il ne devait pas se modérer.

Au surplus la situation en Croatie allait prendre un caractère nouveau : au Parlement d'Agram, sur quatre-vingt huit députés, le gouvernement ne peut compter que sur cinq voix ; l'union yougoslave comprend pour adhérents tous les autres et son idéal est tout simplement la réunion des Serbes, des Croates et des Slovènes en un Etat démocratique indépendant. Le mouvement unitaire va s'accélérant jusqu'à l'explosion des hostilités : les commémorations se succèdent et à la fin de juillet 1914 est inauguré à Belgrade, devant les délégués des municipalités d'Agram, de Laybach et de Raguse, un monument à la mémoire de Dosithée Obranovitch, le héros populaire de l'indépendance serbe au temps de George le Noir.

On a cherché à rappeler d'une manière succinte ce qui se passa hors des frontières de l'Empire pendant la période qui précéda immédiatemnt la guerre. Quelle était, pendant ces événements l'attitude à l'intérieur du gouvernement autrichien ?

*
**

Depuis la première guerre Balkanique et son issue inattendue, la politique orientale de Berlin comme de Vienne accuse de plus en plus un irréductible antagonisme entre l'Entente, protectrice des Slaves du Sud, et le bloc austro-allemand, son mortel adversaire. Pour les hommes politiques de Vienne, l'écrasement de la Serbie et l'expansion vers Salonique, voilà les seuls remèdes efficaces à appliquer à l'Empire valétudinaire qu'il voulaient galvaniser. Aussi les agents autrichiens répètent-ils à l'envie qu'il ne faut pas d'extension de la Serbie et que l'on ne peut créer une succursale de la Russie dans les Balkans. Entre mille incidents, le suivant : un consul d'Autriche se prétend molesté par des officiers Serbes ; le Président du Conseil Patchitch doit, en janvier 1913, offrir toutes les réparations exigées. Et Ferdinand de Bulgarie, rêvant d'une Bulgarie germanophile, anti serbe et même turcophile, ne sent pas les défaites subies calmer son imagination. Le 9 août 1913, trois jours après la signature du traité de Bucarest, le gouvernement autrichien propose à l'Italie d'écraser en commun le peuple serbe épuisé : on le sait par les déclarations catégoriques de M. Giolitti, de même que par les révélations de M. Take-Jonesco, on n'ignore plus que la même offre odieuse eût été faite à Bucarest.

Et la police autrichienne est lancée contre le yougo-slavisme, Fiume est séparée de la Croatie. La « convention » hungaro-croate est suspendue ; la loi sur les nationalités qui protégeait les Serbes de Hongrie est abrogée. Supprimée, l'autonomie ecclésiastique dont jouissaient les Serbes de Hongrie et de Croatie ; étouffées les Diètes locales de Sarajevo et d'Agram. Usant du vote oral, le gouvernement falsifie les élections. Le régime du commissariat, avec tous ses excès, sévit de façon abominable et le gouvernement hongrois ne cache pas sa ferme intention de réduire le particularisme des Croates en promulguant une loi électorale (loi de mars 1913) qui élimine de la liste des électeurs tous éléments douteux. L'arrivée au pouvoir du Comte Tisza, en mars de la même année, coïncide avec l'application forcenée de la « militoerisch Schutzhaft » c'est-à-dire l'arrestation préventive, par l'autorité militaire, de tout individu soupçonné de serbisme, avec la suppression des sokols slovènes, avec la dissolution des conseils municipaux dalmates, avec la magyarisation linguistique des écoles serbes de la Hongrie méridionale.

Et dans les régions politiques élevées, une agitation maladive dont souffrait principalement le Prince héritier François-Ferdinand ; en raison de son union morganatique et du désir immodéré qui l'animait de bien caser, malgré tout, ses enfants, il fut soupçonné de s'être laissé aller à des compromissions déshonorantes avec Guillaume II. D'après ce qui a transpiré des entrevues entre celui qui régnait en Allemagne et celui à

qui devait échoir la couronne d'Autriche et de
Hongrie, il aurait été convenu que sous le sceptre
de Guillaume II devait passer la partie allemande
de la monarchie danubienne avec Trieste, tandis
qu'à l'un des fils de Ferdinand écherrait la couronne de Saint-Etienne avec la Bohême et les
Slaves du Sud, l'autre régnerait sur la monarchie
des Jagellons restaurée de la Baltique à la Mer
Noire. Et l'on discutait à voix basse sur les combinaisons élaborées au château bohémien de Ko-
nopischt lorsqu'éclata le coup de foudre du
28 juin 1914 : l'assassinat de l'Archiduc à Serajevo. On connaît l'histoire du mois de juillet qui
suivit, prélude de la grande guerre. La Serbie
« coupable, suivant le mot de M. d'Aerenthal, de
gêner la mission civilisatrice de l'Allemagne en
Orient, doit disparaître ». Les destins vonts-ils
s'accomplir ?

*
* *

On connaît les premiers et éclatants succès des
Serbes sur les Autrichiens et aussi leurs revers
immérités le jour où, entrant traîtreusement en
lice, la Bulgarie décide de cette retraite désespérée (1) de toute l'armée serbe jusqu'à Corfou où
elle se reconstitue lentement sous la direction de
nos généraux et avec l'appui de la France, pour
venir contribuer finalement à la poussée victorieuse du Sud au Nord des forces alliées débar-

(1) Voir pour le récit détaillé de cette anabase le récit
palpitant qu'en a écrit notre ministre à Belgrade, le tant
regretté Edmond Boppe.

quées à Salonique. Les revers de l'élément slave au début de la guerre mondiale ne calment point les ardeurs nationalistes, sinon des Serbes, dont le territoire est totalement occupé, du moins des Croates et des Slovènes : la rébellion contre les Habsbourg s'organise et, le 18 décembre 1916, les représentants autorisés des Yougo-Slaves réunis à Paris, lancent une déclaration motivée par le couronnement de Charles de Habsbourg et protestent contre toute réorganisation de l'Empire qui retiendrait leurs mandants dans les limites anciennes de la monarchie austro-hongroise. Leur conclusion est formelle : « une seule mesure peut satisfaire les vœux de notre peuple et rendre une paix durable au Sud-Est de l'Europe et en particulier à l'Adriatique et aux Balkans et c'est celle qui consisterait à enlever à la dynastie des Habsbourg tous les pays où vit ce peuple unique, de même sang, mais de nom triple : Serbe, Croate et Slovène, pour les réunir au royaume de Serbie sous la glorieuse dynastie des Karageorgevitch ».

L'année suivante, le 20 juillet 1917, à Corfou, M. Patchitch, président du Conseil et ministre des Affaires étrangères de Serbie, signait avec M. Trumbitch, chef du parti croate à la Diète de Dalmatie, ancien maire de Spalato, ancien député de Zara au Parlement autrichien, un acte qui est comme la charte de la Yougo-Slavie et créait un être moral nouveau : après avoir affirmé l'unité du peuple yougo-slave, peuple aux trois noms, la déclaration portait que le nouvel Etat sera « un royaume libre et indépendant, avec un territoire indivisible et une nationalité unique, sous un régime monarchique constitutionnel, démocratique et parlementaire, avec, à sa tête, la dynastie des Karageorgevitch qui a toujours partagé les idées et les sentiments de la nation en plaçant au-dessus de tout la liberté et la volonté nationale ». L'acte continuait en proclamant la liberté des cultes et l'adhésion à la Société des Nations. D'autres dispositions concernaient l'organisation intérieure. Ce document, sérieusement préparé par des délégués de tout le monde yougo-slave, au cours de plusieurs semaines de délibérations, fut approuvé par les colonies des Serbes, Croates et Slovènes aussi bien en Europe qu'en Amérique : il devint pour eux comme une sorte de Décalogue.

A Stockholm, en août 1917, nouvelle manifestation yougo-slave ; puis enfin au mois de mai 1918, le Dr Korosec envoyait, au nom du Club parlementaire yougo-slave, aux délégations austro-hongroise, russe, ukrainienne et allemande à la Conférence de Brest-Litovsk un long mémorandum dont la publication fut interdite par la censure d'Autriche, mais qui fut lu en plein Reichsrath : une pareille démarche, en présence des termes de ce document qui réclamait sans ambages l'indépendance des Yougo-Slaves, eût, en d'autres temps, été considéré comme une déclaration de guerre civile. Elle posait en tout cas la question en termes tels que tout homme prévoyant en devait envisager la solution complète et prochaine.

D'aucuns ont établi certaines comparaisons entre la situation de la Yougo-Slavie avec celle qui, en Italie, précéda le « Risogimento » ; certes, on peut évoquer certaines analogies, mais il convient de noter que si, au-delà des Alpes, à la tête du mouvement se trouvaient surtout des membres de l'aristocratie ou des représentants de la haute bourgeoisie, c'est le peuple tout entier qui, du côté des Yougo-Slaves, prenait part à l'action, donnant ainsi à ses revendications un caractère de généralité qui les dotait de tant de force.

*
* *

Si, examinant quelles relations le nouvel Etat entretient avec ses alliés et ses voisins, on envisage ses rapports avec la France, on ne peut hésiter à répondre que, malgré l'éloignement et la difficulté des communications, ils sont excellents.

On n'a pas oublié en Serbie le premier contact direct que les Français prirent avec les Serbes en 8a1, lorsque les Provençaux, conduits par le Comte de Toulouse et l'Evêque du Puy, s'acheminèrent vers le tombeau du Christ en traversant la Lombardie, l'Istrie, la Dalmatie, l'Herzégovine, le Monténégro. « Malheur au village par lequel passe une armée, surtout une armée étrangère », disait-on en Serbie. Et à ce moment, devant l'invasion, le peuple serbe gagna la montagne, mais vite il se rassura lorsqu'il apprit qu'il s'agissait de croisés français ; aussi le roi serbe Bodin leur fit-il bon accueil les munissant des vivres néces-

saires, leur donnant des guides, et les pourvoyant
de recommandations utiles pour la traversée des
territoires byzantins. Cette première rencontre
des masses franco-serbes laissa l'impression que
les Français étaient un peuple idéaliste et généreux : cette opinion se transmit de génération en
génération.

Des siècles s'écoulèrent avant que Français et
Serbes fussent derechef en contact : les armées de
Napoléon s'emparent des provinces autrichiennes
de l'Adriatique et forment avec les domaines des
Serbes, des Croates et des Slovènes, un état slave
qui prit le nom de « Provinces Illyriennes ». Si
bienfaisante fut l'action française, si équitable
l'administration impériale de ces provinces que le
peuple entier en regretta la disparition : dans l'esprit des populations autochtones, la certitude fut
définitivement implantée que la France est réel-
lement un pays de liberté, d'égalité, de légalité.

Et plus récemment, au cours de la grande
guerre, le soldat serbe n'a-t-il pas combattu, n'est-
il pas mort à côté du soldat français et pour la
même cause ?

L'influence que la France exerce chez les Yougo-
Slaves par la littérature mérite d'être tout spécialement signalée. Le « Cid », aussitôt publié en
France, fut traduit pour les Serbes qui lui font encore l'honneur de remanier les traductions successives qui en sont faites de manière à permettre à
ces traductions de suivre l'évolution de leur langue
littéraire. De Molière, dix-neuf comédies ont été
traduites, non pas à la lettre, mais sous forme

d'adaptation, avec noms serbes donnés aux personnages et allusions aux conditions locales de l'existence. Par ailleurs, grâce à Dosité Obradovic, le premier éducateur des masses populaires, furent répandues chez les Yougo-Slaves les idées de bon sens, de liberté individuelle, d'égalité et de moralité qu'il puisa lui-même chez les précurseurs de la Révolution française. Et le fait d'être soupçonné d'idées françaises coûta la vie à deux hommes dont, pour ce motif, il convient de retenir les noms. Peu après la proclamation de la Déclaration des Droits de l'Homme, les Autrichiens condamnèrent à mort, à Budapest, le patriote serbe Mihanovic : son seul crime était d'avoir des « idées françaises ». Le même forfait coûta la vie à Riga, de Phères. Arrêté par les Autrichiens, il subit la prison, fut condamné pour le délit indiqué plus haut ; ses bourreaux n'eurent pas le courage de l'exécuter, mais le livrèrent aux Turcs qui l'empalèrent sur le glacis de la citadelle de Belgrade.

Et ces sympathies n'ont-elles pas été vivifiées par le court passage des soldats de Napoléon sur les bords de l'Adriatique ?

Après la paix de Schœnbrünn, Napoléon qui avait longuement mûri son plan, se fait donner la Carinthie, la Carniole et toute la région qui s'étend au nord de la Save jusqu'à la frontière de Bosnie ; il en voulait faire la base d'une pénétration pacifique vers l'Orient par l'Adriatique d'une part, par la Save de l'autre. Il n'eût que le temps de faire apprécier l'administration française par comparaison avec le système compressif autrichien. Mais l'Illyrie n'était-elle pas aussi la marche impériale qui devait garantir la sécurité de l'Empire, grâce au talent de ces administrateurs qui ont nom Marmont, Las Cases, Fouché, lequel aimait à ce point le pays qu'après la Restauration il y revint vivre et mourir. Un ancien secrétaire de Mirabeau, devenu un des meilleurs agents secrets que la France eût entretenus à l'étranger, Fellenc écrivait en 1811 : « La possession de ces provinces est un gage presque assuré de la paix du continent. Elles resserrent l'Autriche en lui opposant une barrière non moins inattendue qu'insurmontable ». Hier Napoléon, aujourd'hui l'Europe voit quel but, toujours le même, la nature a assigné au même pays, à savoir servir de rempart contre le Pangermanisme.

A partir de la constitution de l'Etat serbe, tous les auteurs français, historiens, critiques, littérateurs, auteurs scientifiques sont également appréciés. La langue française est tout particulièrement en honneur et les candidats au baccalauréat ayant le droit d'opter entre l'allemand et le français, notre langue a été choisie à Belgrade par quatre-vingt-quinze écoliers sur cent, à Krusevac par cinquante élèves contre cinq ayant choisi l'allemand ; à Vranja, unanimité pour le français. Au moment où éclata la guerre mondiale, une société littéraire française remportait à Belgrade les succès du meilleur aloi : elle avait créé une bibliothèque composée exclusivement de livres français, ouvert un cabinet de lecture, des cours de français de forces différentes et organisé des filiales en province. La guerre vint et les obus autrichiens qui détruisirent l'Université de Belgrade démolirent aussi le local où la société littéraire française avait vu le jour.

Le théâtre est aussi pour la France un précieux élément de propagande ; sur dix compagnies étrangères qui viennent en tournée en Serbie, neuf sont de nationalité française et la prédilection que l'on marque sur les bords du Danube pour le répertoire français n'a jamais faibli. Le jour où l'Autriche proclama l'annexion de la Bosnie et de l'Herzégovine, une manifestation se produisit qui eut la Légation de France pour but : Le drapeau tricolore fut montré aux cris de : « Vive la Bosnie-Herzégovine ! Vive l'Alsace-Lorraine ! ». Le théâtre fut boycotté jusqu'au jour où fut affiché « Patrie », de Sardou. Ce drame français, connu et apprécié, rendit le public au théâtre.

Et peut-on oublier le résultat de l'invasion de la Serbie par ses implacables ennemis, à savoir l'exode de la jeunesse travailleuse qui, après la retraite dont personne n'a perdu le souvenir, trouva asile en France où 4.000 jeunes élèves furent acueillis dans les lycées de Paris et de province, dans les Ecoles normales d'instituteurs, dans nos fermes-écoles, dans nos écoles professionnelles. On peut compter que le séjour de tant de Yougo-Slaves en France créera entre les deux pays des liens indestructibles et accroîtra les sympathies que les deux nations professaient déjà l'une pour l'autre. Déjà on peut noter les heureux résultats obtenus par notre Représentation diplomatique, de 1921 à 1924 ; grâce aux efforts de notre ministre, M. Clément Simon, quarante-deux sociétés ou cercles d'influence intellectuelle française ont vu le jour en Yougo-Slavie. Elles groupent environ dix mille adhérents, disposent de bibliothèques françaises et de salles de lecture, organisent des cours de français et de littérature française, gratuits ou à bon marché. Toutes les villes de vingt mille habitants ou plus comptent aujourd'hui une société de ce genre.

Au surplus, la part que nous avons prise, après la retraite héroïque de son armée des bords du Danube à Corfou, à la reconstitution de ses régiments épuisés par une lutte disproportionnée, ne restera-t-elle pas un souvenir précieux et pour la Serbie et pour tous les Serbes qui ont fait la guerre ? Et que dire du combat repris de concert en 1917 pour la revanche finale, de la victoire remportée en 1918 et de l'effondrement de l'Empire austro-hongrois obtenu par l'effort commun ?

Particulièrement délicate est la question des rapports du nouvel Etat avec l'Italie, héritière, comme lui, des provinces de l'Empire austro-hongrois donnant accès à l'Adriatique.

Au Congrès des Nationailtés opprimées par l'Autriche-Hongrie qui se tint au Capitole de Rome, en avril 1918, fut votée, sur la proposition du premier ministre d'Italie, la motion suivante :

« Les représentants des deux peuples reconnaissent que l'unité et l'indépendance sont pour la Nation yougo-slave d'un intérêt vital, s'engagent, dans l'intérêt des bonnes et sincères relations entre les deux peuples, à régler à l'amiable les questions territoriales pendantes sur la base du principe des nationalités et du droit des peuples à disposer d'eux-mêmes, sans porter atteinte aux intérêts vitaux des deux nations ». Et ce langage n'était que la répétition d'un accord préliminaire signé à Londres en novembre 1917. Il est à noter qu'au Congrès de 1918 les Slaves n'avaient consenti à prendre part que si un Pacte de « Conciliation » était signé et s'il restait entendu que le traité secret de Londres conclu entre les quatre, était considéré comme nul parce que contraire au droit des peuples de disposer d'eux-mêmes. Or, non seulement l'accord de Rome fut sanctionné par le premier ministre Orlando, mais ce dernier envoya au Congrès, avec l'assentiment du ministre des Affaires étrangères Sonnino, un message constatant que tous les ministres italiens approuvaient ses résolutions.

On devait donc espérer que le jour où les hostilités s'arrêteraient, les deux peuples voisins pourraient aborder dans un esprit amical la question de leurs relations dans l'Adriatique. Et ne devait-on pas considérer désormais comme sans portée certaines manifestations du gouvernement royal, telles, par exemple, que son refus d'envoyer au front les contingents slaves qui s'étaient rendus sous l'uniforme autrichien, ou ses démarches auprès des cabinets de Paris et de Londres pour qu'ils n'accordent pas leur reconnaissance au gouvernement yougo-slave comme ils l'avaient fait pour le gouvernement tchéco-slovaque ?

Il n'en fut rien : l'organe de M. Sonnino, le *Giornale d'Italia*, déclarait le momnt venu, sans ambages, que la victoire devait permettre à l'Italie d'exécuter son programme sans rectrictions ni obstacles, et l'armistice fut signé à un moment où la tension se manifestait extrême entre Italiens et Yougo-Slaves : ces derniers protestaient énergiquement contre le fait que le traité de Londres attribuait à l'Italie 750.000 Slovènes et Croates, tant sur les rives nord et est de l'Adriatique que dans les îles, et ils se voyaient appuyés par M. Wilson qui déclarait caduc le traité de Londres, parce que les termes s'en trouvaient en opposition complète avec les principes pour lesquels avait combattu l'Amérique ; tandis que telle était la pensée directrice du gouvernement américain, la France et l'Angleterre se déclaraient fidèles au traité de Londres. Pour l'Italie, dépassant même les limites imposées par ce dernier acte à ses ambitions, elle réclamait au cours des négociations de paix des territoires d'une valeur militaire formidable, c'est-à-dire lui donnant, sous la forme de trois têtes de pont, toute facilité pour envahir les Balkans. En effet, la région de Fiume et son territoire adjacent dominent l'entrée nord-est de la presqu'île balkanique ; la région Dalmate et les îles contrôlent pratiquement la route centrale qui, à travers les montagnes, conduit vers l'intérieur en fermant l'entrée et la sortie des ports de terre ferme ; et enfin l'Albanie, dont elle réclamait le contrôle, commande, par Valona, les routes du sud et l'entrée de l'Adriatique.

Tandis que M. Wilson, par l'organe de ses experts, déclarait complètement injustifiable et extrêmement dangereuse l'admission de toutes les demandes de l'Italie et que les experts américains, dans les conclusions de leurs rapports, aboutissaient unanimement à la même formule, à savoir, que les territoires en question ne pouvaient ni en droit, ni en équité être attribués à l'Italie, les représentants de la France et de l'Angleterre se déclaraient prêts à exécuter les clauses du traité de Londres, si l'Italie l'exigeait, mais ils ne cachaient pas qu'à leurs yeux, en présence des conditions tout à fait nouvelles dans lesquelles se présentaient et la disparition de l'Empire austro-hongrois et la création de l'Etat yougo-slave, les annexions réclamées par l'Italie n'étaient ni sages ni justes.

Le récit des négociations auxquelles donna lieu la discussion du tracé de la frontière italienne demanderait trop de développement pour être tenté ici : tour à tour furent proposés au Cabinet de Rome l'arbitrage, le plébiscite, le recours à la Société des Nations. Ce fut en vain : les représentants de l'Italie, pour des motifs que chacun devine, n'admirent aucune de ces solutions et une situation dangereuse eût pu se prolonger si l'attitude des Etats-Unis n'avait subitement changé et si en fait, l'action de l'Amérique dans le règlement du statut territorial de l'Europe ne s'était d'elle-même éliminée. Des pourparlers directs s'engagent entre l'Italie et la Yougo-Slavie qui aboutissent au traité de Rapallo : dans la région septentrionale, les Yougo-Slaves renoncent à une importante superficie de territoire purement slave, de telle sorte que la souveraineté italienne est amenée aux portes d'une Fiume nominalement indépendante ; les îles qui commandent l'entrée du golfe de Fiume vont à l'Italie ainsi que le groupe des Lagosta en Dalmatie, l'Italie reçoit Zara, mais avec un territoire inférieur à celui qu'elle demandait à Paris ; les îles de Lissa, qui, à Paris allaient à l'Italie, sont données aux Yougo-Slaves. L'Italie obtenant ces avantages, ne pouvait-on craindre que, le développement économique de Fiume mis en danger, un irrédentisme slave, n'en soit créé pour le grand dommage de l'Italie et aussi de la tranquillité du monde ?

Cette politique de paix et de respect des traités à laquelle la France en aucune occasion ne ménage son appui, c'est à elle qu'est due la création de cette petite Entente, qu'on pourrait bien plus justement appeler « Entente Centrale » et qui, tout d'abord dirigée contre les menées des Hongrois, s'est manifestée de la manière la plus efficace lors des deux tentatives de restauration qu'a faites avant sa mort l'ex-empereur Charles : ne cherchant pas à déborder le cadre des territoires qui la composent, les Etats de la Petite-Entente ne veulent servir d'instrument à aucune politique étrangère qui ne soit inspirée par le respect des Traités et tiennent à conserver leur individualité, tout en reconnaissant la coïncidence qui, sur certains points, existe entre leurs propres intérêts et ceux des grandes puissances ; c'est ainsi que contenir les appétits du Pangermanisme et conserver vis-à-vis de la Russie jusqu'à nouvel ordre une attitude expectante, voilà des articles communs à la politique de la Petite-Entente et à celle de ses anciens alliés de la grande guerre.

C'est le 14 août 1920, et entre le royaume des Serbes, Croates, Slovène d'une part, et la République Tchéco-Slovaque de l'autre, que fut signé la « Convention Défensive » qui fut l'amorce de la Petite-Entente. L'année suivante, deux accords intervinrent entre la Roumanie d'une part, la Tchéco-Slovaquie et la Yougo-Slavie de l'autre ; dans le cours de cette même année 1921, des conventions militaires intervenaient entre les mêmes Etats, visant et la Hongrie et la Bulgarie : c'est-à-dire qu'aussitôt constitué le Royaume des Serbes, des Croates et des Slovènes prenait part à la vie internationale et que le vénérable directeur de sa politique extérieure, M. Patchitch, comprenant toute l'importance de l'entente conclue, tenait à resserrer les liens intervenus, à examiner les meilleurs moyens de résoudre les difficultés engendrées par l'exécution des traités, et à préparer l'amélioration des relations économiques entre régions inégalement pourvues de denrées agricoles et de produits industriels.

De quelles ressources dispose l'Etat auquel les traités ont donné pour principales provinces l'ancienne Serbie accrue, au-delà du Danube, d'une grande partie du Banat de Temesvar, au sud, de la Bosnie et l'Herzégovine, de tout le Monténégro, de la Croatie, de la Slavonie et enfin de la Dalmatie, moins Fiume. Et tout d'abord quelle est la population de l'ensemble des territoires dénommés Serbie, Croatie, Slovénie, Monténégro, Voïvodina, Bosnie-Herzégovine et Dalmatie ? Le total en atteint 12.728.000 habitants, la part de l'ancien Royaume de Serbie étant portée pour 4.389.000. Et avant d'examiner quels sont les moyens d'existence de cette population, rappelons que la solution très démocratique de la question agraire a attaché le paysan au sol qu'il cultive.

On sait quelles ont été les bases de la réforme : en Yougo-Slavie, le maximum de la propriété foncière est fixé à 5oo hectares au plus, suivant les circonstances locales (exception faite des fermes modèles) ; mais ce maximum est abaissé à 5o hectares si le propriétaire ne cultive pas sa terre lui-même, et à 7 hectares seulement s'il n'habite pas le royaume. Le dédommagement sera payé en obligations d'Etat amortissables en vingt ans, et portant 5 % d'intérêt. En ce qui concerne la distribution, les engagés volontaires de la grande guerre obtiendront la terre gratuitement tandis que les autres « colonistes » auront à payer un prix de rachat en dix ans avec 7 % d'intérêt. La liquidation est confiée au Crédit Foncier d'Etat.

En 1920, le rendement des terres cultivées était de 4.500.000 quintaux de blé, 970.193 de seigle, 1.607.860 d'orge, 751.000 d'avoine, 6.000.000 de maïs. L'arboriculture fruitière, et en première ligne celle des prunes, est une des principales branches de l'économie rurale. Tandis que les Etats-Unis en produisent 1.500.000 quintaux et la France 900.000, l'ensemble des territoires précités donne 1.500.000 quintaux.

Si l'élevage des bestiaux a son importance, les pertes causées par la guerre ont été formidables. Le total des chevaux a passé, en Serbie, de 152.000 en 1910 à 19.000 en 1918, pour remonter à 41.000 en 1919 ; le gros bétail a passé de 957.000 unités à 596.000, pour remonter à 649.000, pour les moutons les chiffres ont été de 3.800.000, 969.000 et 1.275.444. En Croatie et Slavonie, les chevaux ont passé de 350.000 en 1911, à 301.000 en 1919, les bovidés de 1.113.600 à 827.000, les moutons de 850.000 à 355.770. La Voïvodina, pays connu comme un des greniers de l'Europe, possédait en 1920, 355.000 chevaux, 468.000 têtes de gros bétail, 850.000 porcs et 700.000 moutons: la guerre n'a pas autrement éprouvé son cheptel quand elle fut réunie au nouveau Royaume. La Bosnie-Herzégovine possédait en 1919, 55.000 chevaux, 489.000 bêtes à corne, 183.000 porcs, un million deux cent mille moutons et 43o.ooo chèvres, ayant perdu du fait de la guerre la moitié de son bétail. De la Dalmatie, il n'y a pas grand'-chose à dire, ses ressources en animaux étant réduites par la nature de son sol.

Les forêts occupent dans le nouveau Royaume l'étendue considérable de 7.5oo.ooo hectares, mais il faut en déduire un tiers pour espaces non boisés, rochers, brousses, etc... L'industrie du bois est active et se fait par une foule de petites exploitations.

Les richesses minières sont pleines de promesses et pour certaines entreprises offrent des réalisations tangibles, par exemple, l'importante mine de cuivre de Bor qui a victorieusement franchi l'épreuve de la guerre : on estime qu'elle contient vingt-cinq millions de tonnes de minerai avec six pour cent de cuivre. En Bosnie existe une véritable montagne de fer dont la richesse en minerai atteindrait deux cents millions de tonnes ; un peu partout des traces de mercure, le zinc, d'or, mais pas encore d'exploitation.

Un coup d'œil rapide sur la situation économique, telle qu'elle se présentait à la fin de l'année 1923, permettra au surplus de noter les résultats acquis.

Tandis que le réseau ferré est en plein rendement, soit que les voies ou ouvrages d'art aient été refaits ou restaurés, soit que le matériel roulant soit revenu au chiffre d'avant-guerre (2.400 locomotives et 45.000 wagons), et que l'on soit obligé de préparer de nouveaux horaires pour faire face à l'intensité du trafic, les récoltes ont laissé d'importants surplus pour l'exportation. L'industrie s'est développée tant par l'apport de capitaux étrangers (Tchèques en majorité) soit par le paiement de réparations en nature effectué par l'Allemagne.

La construction d'immeubles a marché brillamment puisque rien qu'à Belgrade on compte 1.500 immeubles nouveaux.

Ces progrès ne vont pas sans une crise aiguë de capitaux accrue par le fait que l'élément paysan (qui constitue 85 % de la population) soustrait à la circulation la monnaie d'échange et thésaurise en Serbie comme ailleurs, mais tandis que le dinar se stabilisait à Zürich et à Genève aux environs de 6,5o, le gouvernement renonçait à toucher les termes échus de l'emprunt américain dit emprunt Baird : de ces deux faits, le premier est un adjuvant au négoce international et le second indique que l'Etat est en situation de supporter les dépenses courantes et extraordinaires sans recourir à l'étranger.

Il y a là l'indice d'une situation particulièrement favorable que confirme l'examen des résultats du commerce intérieur pour les cinq dernières années :

	1919	1920	1921	1922	1923
Importations :	2.982	3.466	4.122	6.442	5.000
Exportations :	686	1.321	2.461	3.072	8.000
Balance :	2.296	2.145	1.661	3.370	3.000 millions

A rappeler pour l'étude de ce tableau que 1oo dinars valent 6 fr. 5o suisses.

*
* *

Tous les éléments matériels de force et de prospérité doublés des qualités morales dont la guerre a permis d'apprécier la valeur, permettent de prévoir pour le nouvel Etat un avenir favorable. Et, depuis la guerre, il a travaillé pour la paix dans les conditions les plus heureuses : ne s'est-il pas associé à la Petite-Entente, lorsqu'il s'est agi de prévenir le retour des Habsbourg soit à Vienne, soit à Budapest, et n'a-t-il pas ainsi contribué à conjurer toute complication fatale à la pacification définitive de l'Europe Centrale. Fidèle à l'esprit qui anime le Ministre des Affaires Etrangères Tchéco-Slovaque, M. Bénès, le Premier Ministre Yougo-Slave, M. Pachitch, prend régulièrement part aux réunions périodiques qui permettent aux dirigeants de la Roumanie, auxquels se joignent les représentants de la Pologne, de s'entretenir des questions politiques qui les préoccupent et aussi des problèmes économiques laissés en suspens par la dissolution de la monarchie Austro-Hongroise.

Car enfin si dans l'exaltation de leur nationalisme, les nouveaux Etats se montrent farouchement protectionnistes, ne faisant pas le départ nécessaire entre la politique pure, où ont le droit de prédominer les souvenirs d'un passé récent, et l'économie politique, où se manifestent d'impérieuses et immédiates nécessités, il est certain que ce dernier point de vue l'emportera avec le temps dans les conciliabules de la Petite-Entente.

Sur un point spécial qui ne laissait pas que

d'appeler l'attention des politiques en éveillant leurs inquiétudes, il faut se féliciter des résultats obtenus par l'entente directe intervenue entre Rome et Belgrade : il s'agit de cette question de Fiume qui resta trop longtemps un brandon de discorde dans un coin de l'Europe et à laquelle on a fait allusion plus haut. Des deux côtés on a fait des concessions, on a mis une sourdine à des récriminations dont le ton avait atteint le paroxysme. L'arrangement signé à la fin de janvier 1924 a une portée plus haute qu'une simple délimitation de frontières. S'il répartit équitablement les territoires adjacents à Fiume, cet accord a visé aussi formellement les Traités de Trianon, de Saint-Germain et de Neuilly et ainsi les deux Etats s'engagent à se prêter un mutuel appui en vue de l'observation des clauses qu'ils contiennent, et ainsi se trouve une fois de plus exprimée la bonne volonté persévérante des anciens alliés pour maintenir et confirmer l'ordre nouveau qu'ils ont scellé du sang de leurs enfants et pour opposer éventuellement un front unique aux attentats que pourrait bien chercher à perpétrer le pangermanisme incorrigible.

Décembre 1924.

CHAPITRE IV

EN NOUVELLE AUTRICHE

En 1277, Rodolphe de Habsbourg, après avoir acquis le duché d'Autriche, faisait de Vienne sa capitale ; à cette cité, jusqu'en 1914, étaient réservées les plus brillantes destinées.

En novembre 1918, le puissant empire, à la tête duquel figurait encore un Habsbourg, s'effondrait définitivement après une guerre follement déchaînée par son souverain et ses ministres.

Entre ces deux dates extrêmes, que d'événements mémorables, intéressant autant la marche de l'humanité que la prospérité de la monarchie puissante formée de l'agrégat de peuples divers et sans lien apparent! Ces événements se produisaient aux portes de la vieille capitale autrichienne et, par conséquent, se déroulaient le long du fleuve superbe qui, naissant presque aux portes de France, unit ses eaux à celles de la Mer Noire après avoir porté la vie à tout un continent. A deux reprises le flot de la marée musulmane vint expirer aux portes de Vienne. En 1529, celle-ci était assiégée par Soliman II en personne, mais elle était délivrée par Charles-Quint qui forçait le sultan à battre en retraite après vingt assauts infructueux. En 1683, Mahomet IV allait l'emporter sur l'élément chrétien quand celui-ci trouva un sauveur dans Sobieski, roi de Pologne. Puis ces noms fameux d'Essling, d'Aspern, de Wagram et de Lobau, toutes localités voisines de Vienne, évoquent l'épopée napoléonienne et les deux entrées successives de l'Empereur dans la vieille capitale. Le corollaire en fut la suppression du saint-empire romain, puis l'union d'une fille de la plus ancienne maison souveraine d'Europe avec le « Corse aux cheveux plats ».

Ce fut à Vienne qu'après la chute définitive de Napoléon, se réunit l'aréopage dont les décisions créèrent une Europe nouvelle, une Europe qui vécut cinquante ans dans la forme qui lui fut donnée par Alexandre de Russie, le modérateur des haines, des rancœurs de la Prusse, par Talleyrand parlant au nom de la France anéantie par la défaite, et par l'Angleterre qui avait trouvé à Waterloo tous ses apaisements.

En 1848, la révolution éclata simultanément à Vienne, dans les provinces italiennes de la monarchie, en Hongrie ; la dernière heure paraissait avoir sonné pour les Habsbourg. Une série de « rétablissements » inattendus leur permirent, non seulement de voir leur autorité restaurée là où elle avait été méconnue dans les limites de leurs Etats, mais aussi d'échapper à une éviction qui les avait privés de toute influence dans la Confédération germanique.

La Prusse subit ce que l'histoire a appelé « l'humiliation d'Olmütz » ; son roi désavoua les décisions du Parlement de Francfort, en faveur d'une unification sous l'égide de la Prusse, mais bientôt Bismarck prenait une revanche éclatante à Sadowa et, cette fois, expulsait définitivement l'Autriche de la Confédération germanique, c'est-à-dire de l'Allemagne : fort habilement, le premier chancelier de l'Empire profitait des événements dont l'Orient devint le théâtre pour panser les blessures qu'il avait faites à l'empire austro-hongrois et le *Drang nach Osten* devait procurer aux gouvernements de Vienne des satisfactions d'amour-propre, comme des avantages économiques aussi appréciables les uns que les autres.

Le cabinet de Vienne se prêta à la manœuvre de Berlin, sans songer un instant à ce rôle vraiment européen que d'aucuns rêvaient pour lui, à savoir un rôle dicté non par une subordination servile, mais par l'idée qu'à l'Empire allemand il fallait un contrepoids et que la monarchie austro-hongroise eût gagné à discuter en toute indépendance son attitude vis-à-vis de ses voisins de l'ouest, au lieu d'accéder par avance à tous leurs vœux. Aussi, continua-t-on à voir la bureaucratie viennoise persévérer dans ses vieux errements et mériter les sévères appréciations formulées à son sujet, aussi bien par des Autrichiens que par des étrangers. L'empereur François II ne disait-il pas : « Mes peuples sont étrangers les uns aux autres, et c'est tant mieux. Ils ne prennent pas les mêmes maladies en même temps. Je mets des Hongrois en Italie et des Italiens en Hongrie ; chacun garde son voisin : ils ne se comprennent pas et se détestent ; de leur antipathie naît l'ordre et de leur haine réciproque la paix générale. »

Plus tard, un collaborateur fidèle de l'empereur François-Joseph, le comte Taaffe, résumait sa pensée dans un raccourci pittoresque, en disant : « Pour que l'Autriche soit bien gouvernée, il faut que personne ne soit content. »

Et que dire des opinions émises en France, même par les écrivains que leur opinion eût dû rendre indulgents à la monarchie catholique par excellence ? Montalembert, par exemple, en 1832, qualifiait la dynastie des Habsbourg de « grande prêtresse de l'oppression ». Joseph de Maistre, en 1814, n'avait-il pas dit : « Cette maison d'Autriche est une grande ennemie du genre humain et surtout de ses alliés. »

La mise de la Bosnie-Herzégovine sous l'administration austro-hongroise, puis son annexion, détermina l'attitude que le gouvernement austro-hongrois conserva jusqu'au bout : à savoir, visées politiques comportant la suprématie militaire absolue, comme la domination économique sur tout Etat, situé à l'orient ou au sud de la monarchie qui, luttant avec tout élément mettrait obstacle à l'accomplissement de ce programme. Et. comme au premier rang des adversaires d'une pareille politique figuraient les Slaves, que les ennemis-nés des Slaves étaient les Allemands, il s'ensuivit tout naturellement que l'attitude de Vienne fut antislave, en même temps que progermaine ; la lutte se poursuivit, âpre, continue, entre la bureaucratie allemande et les Tchèques, les Croates, les Slovènes, tous de plus en plus conscients de leurs droits, de plus en plus ardents à les faire valoir.

L'ultimatum à la Serbie fut le geste de désespoir de toute une classe dirigeante constituée des gens de cour, des grands chefs militaires, de quelques financiers, qui voyaient seulement dans d'éclatants succès militaires la possibilité de rétablir la situation économique et de maintenir dans l'obéissance les éléments slaves dont l'audace s'accroissait chaque jour.

Pendant la guerre mondiale, Vienne vit la mort du vieil empereur François-Joseph de qui, de son vivant, des malheurs répétés avaient écarté l'antipathie que lui méritait son égoïsme profond aussi bien que la bassesse de sa conduite vis-à-vis des peuples qu'il avait bernés sans cesse au cours d'un règne de soixante-dix ans. Vienne vit l'avènement d'un jeune souverain plein de bonnes intentions et qui, jugeant clairement la situation, estima la partie absolument perdue et songea à faire la paix, mais ne sut ni se résigner aux sacrifices nécessaires ni se soustraire à l'emprise de l'Allemagne. Et cependant le Reichsrath entendait, sans qu'aucune répression fût possible, les représentants des nationalités slaves tenir le langage le plus révolutionnaire.

Le 19 octobre 1917, le député Trésic Pavicic exposait avec force détails le régime de persécution pratiqué par le gouvernement austro-hongrois contre les Yougo-Slaves : et lorsque ces révélations reçurent de la part de la presse neutre ou alliée la

plus large publicité, de toutes parts naquirent des
rapprochements entre les procédés des fonctionnaires autrichiens vis-à-vis de leurs administrés
et ceux dont usaient les Turcs vis-à-vis des Armé-
niens. La bureaucratie impériale protesta, mais
en février 1918, le même représentant de la Dalmatie revint à la charge. « Ce que j'ai affirmé le
19 octobre dernier, dit M .Trésic Pavicic, n'est
qu'une pâle image de tout ce qui s'est passé en
réalité et de tout ce qui se passe encore aujourd'-
hui dans diverses régions telles, par exemple, que
le sandjak de Novibazar où toute une population
serbe a été systématiquement exterminée. Ceux
qui se sont déclarés les défenseurs des droits in-
tellectuels les plus sacrés de leur peuple sont qualifiés de traîtres à la patrie et sont menacés de la
potence. Si ceux qui menacent venaient à se demander combien vivent encore de ceux qui avaient
été condamnés dans les procès de Serajevo, ils seraient obligés de rougir de honte. Et cette « moral
insinaty » n'est-elle pas prouvée par le fait qu'on
a pris des otages dans les rangs des propres sujets
de l'Etat et qu'on a pendu les uns pour des actes
commis par d'autres ? »

Puis, élargissant le débat avec une audace qui,
en d'autres temps, eût pu lui coûter la vie, le vaillant député dalmate s'écriait : « Les Tchèques, les
Slovaques, les Yougo-Slaves sont des peuples qui
savent très exactement ce qu'ils veulent et ce qu'ils
peuvent. Aucune intrigue, aucune menace diplomatique n'effraiera ces peuples au point de les
obliger à retrancher le moindre point de leurs pro-

grammes nationaux. Les Yougo-Slaves revendiquent leur unité nationale et leur indépendance absolue : ils ne se contenteront pas de miettes. » Et sur ce ton, l'orateur poursuivit sans être arrêté par le président, soutenu par les applaudissements frénétiques de tous les Slaves de l'Assemblée.

A peu près à la même époque, le député de Cattaro, M. Vukotic, fit un long discours pour dénoncer toutes les exécutions dont il avait été témoin et les mauvais traitements qu'il avait lui-même subis ; aucune sanction n'intervint, pas plus contre le dénonciateur que contre les policiers dont il révélait l'infamie. Et cependant, les compatriotes de Pavicic et de Vukotic tenaient à l'étranger congrès sur congrès pour affirmer leur indépendance, tandis que leurs nationaux formaient des corps entiers dans les armées alliées.

· Aussi comment s'étonner si, au jour de l'armistice, dans chacune des provinces de ce qui avait été l'empire austro-hongrois, l'autorité se trouva tout naturellement et sans secousse passer des mains des fonctionnaires impériaux à celles des agents des Etats nouveaux, des Etats que l'on ne tarda pas à appeler les Etats successeurs, comme si la mort d'un *de cujus* avait ouvert une succession dont le passif toutefois dépasserait l'actif et qu'il ne faudrait en tout cas accepter que sous bénéfice d'inventaire.

Quoi qu'il en soit, Vienne se trouva déchue de son rôle de capitale.

Depuis le jour où, après leur acquisition du duché d'Autriche, les margraves, paisiblement installés dans leur bourg du Kahlenberg, assistèrent, depuis le douzième siècle, à la création dans la plaine de la ville de Vienne, que de changements ! D'abord simple rendez-vous de chasse à l'endroit où s'élève aujourd'hui le palais Esterhazy, puis village maraîcher, Vienne vit poser en 1144 la première pierre de l'église Saint-Etienne. Cinq ans plus tard, Frédéric Ier entourait la ville naissante de remparts et de fossés. Le mouvement était donné ; il ne devait plus s'arrêter, du moins pas avant 1914. Vienne, c'est, ou du moins c'était hier encore, dans une explosion de luxe élégant, la civilisation européenne dans tout son raffinement, avec ses théâtres, ses boulevards, ses jardins et ses parcs où les foules joyeuses se hâtent aux divertisements les plus variés.

Vienne fait également sa part au travail, et sans citer en détail les industries de toutes sortes qui se sont établies dans la capitale, on peut rappeler que leurs produits atteignaient le dixième du total des fruits de l'activité économique de tout l'empire. Les collections ne le cèdent ni en nombre, ni en qualité, à celles d'aucune capitale et pour la peinture, la gravure, les antiques, les livres et les manuscrits, elle possède, ou du moins elle possédait, car depuis la paix l'exportation des objets d'art a cruellement sévi sur les bords du Danube, des trésors qui font la joie des touristes.

Vienne cessera-t-elle, après avoir été la clef de voûte d'un édifice immense, d'être tout au moins la porte du Levant, le trait d'union entre l'Orient et l'Occident, et quel sort sera réservé à une ville de plus de deux millions d'habitants réduite au rôle d'un chef-lieu de département, puisque les diverses provinces de la nouvelle Autriche n'en comptent en tout que quatre millions? Un ministre des Affaires étrangères, Otto Bare, n'affirmait-il pas que Vienne serait un nouveau Pompéi, si l'Entente ne se préoccupait pas d'assurer au nouvel Etat et à la capitale des moyens propres d'existence ? Comment s'étonner si, dans leur appréhension de l'avenir, il ne manqua pas de Viennois qui, regardant du côté de l'Allemagne et envisageant la paradoxale disproportion entre une capitale immense et un petit pays, appelaient de leurs vœux une union avec le Reich allemand qui arrêterait la ruine de leur patrie, quand cette patrie la famine, tout simplement, la menaçait de mort.

Devant le danger, le monde civilisé s'émut, et le Conseil suprême des Alliés, dans sa séance du 1er mars 1919, décidait que la France, la Grande-Bretagne et l'Italie feraient à l'Autriche, par parts égales, une avance de 3o millions de dollars, ces trois Etats se portant garants du remboursement des fonds en question qui seraient affectés à l'achat de denrées de consommation. Cette somme jugée insuffisante, fut augmentée, et en février 1920, un nouveau secours fut accordé à l'Autriche qui avait tout d'abord affecté des valeurs à la garantie des prêts consentis, puis qui fut autorisée à remplacer ces valeurs par des bons spéciaux et à utiliser les valeurs en question à la garantie d'un emprunt effectué à la banque Morgan. En 1921, le comité financier de la Société des Nations était chargé par les quatre grandes puissances d'étudier dans quelles conditions il serait possible d'éviter à l'Autriche un cataclysme : il entrait en pourparlers, d'une part, avec les créanciers du nouvel Etat ; de l'autre, avec les gouvernants viennois eux-mêmes. Aux uns, il demandait la mainlevée pendant vingt ans des hypothèques qui leur étaient acquises ; aux seconds, il déclarait qu'il était nécessaire que l'on puisse déclarer à la Société des Nations que, non seulement le gouvernement, mais aussi les autres facteurs publics qui collaborent à la législation du pays ou ont une influence prépondérante en cette matière, se sont engagés collectivement à réaliser un programme d'assainissement. Il serait, en outre, nécessaire de pouvoir amener la propriété privée, ne serait-ce que dans une mesure limitée, à participer à certaines garanties et engagements solidaires, afin de permettre la réussite de l'œuvre considérable que représentait la consolidation du nouvel état de choses, l'établissement de l'économie nationale sur une base sûre et le maintien de l'ordre social.

Satisfaction était donnée à ces desiderata et le gouvernement autrichien entrait résolument dans la voie des réformes énergiques destinées à marquer une vraie politique d'assainissement. C'est ainsi qu'il supprimait les allocations accordées sur le prix du pain, de la viande et de la graisse. Du coup, le pain monta de 75 couronnes le kilo à 5oo et quelques couronnes. Parallèlement, les charges publiques étaient fortement augmentées : l'impôt sur le revenu, par exemple, était doublé ; les tarifs de chemin de fer étaient élevés en deux étapes de 25o pour 100 chaque fois ; les impôts fonciers étaient portés à un montant neuf fois plus élevé qu'en 1920. Les droits de douane étaient perçus d'après des barèmes atteignant 5oo pour 100 à 1.200 pour 100 des taux d'avant-guerre.

Dans l'adoption de pareilles mesures, les Alliés ne pouvaient que voir les signes d'une bonne volonté à laquelle ils devaient répondre, eux et leurs associés, en encourageant le pays à avoir confiance en lui-même. Quelles avaient été les causes du découragement général, sinon le déséquilibre économique qui s'était manifesté en 1919, considéré peut-être à tort comme l'indice d'un déséquilibre perpétuel, sinon le déficit budgétaire auquel il fut fait face par l'inflation, l'impression que l'étranger abandonnait l'Autriche à ses destinées, l'impuissance à arrêter l'exportation des capitaux ? On redoutait que les Etats voisins ne permissent pas le rétablissement de Vienne dans sa situation de grande place internationale, — on craignait de voir l'Entente victorieuse réclamer, en raison des dévastations qu'elle avait subies, des réparations immédiates. Et la hausse des prix résultant de la dépréciation monétaire n'allait-elle pas engendrer des troubles sociaux, et par suite l'intervention de l'étranger ?

La Société des Nations répond à toutes ces craintes, propose des remèdes à ces maux : elle formule un programme de relèvement, y marque son optimisme en ce qui concerne les possibilités de ce relèvement, rend par là même du courage aux plus abattus. Bientôt il était entendu avec le gouvernement autrichien qu'il allait travailler à l'assainissement de son budget en acceptant l'assistance d'un commissaire général et s'engageant à faire face à un emprunt de 650 millions de couronnes or, dont 250 pour le déficit afférent aux deux dernières années.

Une délégation spéciale vint à Vienne étudier les moyens de faire face à des dépenses réduites par des recettes accrues.

Partant de ce principe que la capacité de paiement annuelle de chaque Autrichien est de 55 couronnes or, les délégués fixèrent cette capacité annuelle totale à un minimum de 350 millions, et demandèrent que les dépenses fussent progressivement réduites à ce montant, 64 pour 100 devant être consacrés à l'administration civile de l'Etat, 28 pour 100, soit 100 millions, au service de la Dette, et 8 pour 100 seulement aux dépenses militaires.

Il est à noter qu'en ce qui concerne la nouvelle Dette, l'ancienne ayant disparu par suite de la dépréciation monétaire, elle devra être amortie en vingt ans, et aura, à ce moment, disparu du budget.

C'est à ce programme que la France se rallia, consentant comme ses alliés, pour vingt ans, non seulement à l'hypothèque générale stipulée par le traité de Saint-Germain, mais aussi à un prêt de 55 millions. Et elle approuva les conditions dans lesquelles se mettraient en mouvement les organismes divers qui intervenaient : Assemblée de la Société des Nations, Conseil, sous-commissions spéciales du Conseil, les huit gouvernements qui ont aidé l'Autriche par l'intermédiaire de la Société des Nations, la Commission de contrôle nommée par ces gouvernements, le Comité financier, le Comité économique, les différentes sections du secrétariat, le gouvernement autrichien, le Comité d'emprunt désigné par lui et enfin le commissaire général nommé par la Société.

Au bout d'un an de fonctionnement de ce mécanisme compliqué, M. Ador pouvait, à Genève, se féliciter de la manière satisfaisante dont il avait joué: « Le plan de la Société des Nations, disait-il, devant la sixième assemblée, à propos du relèvement de l'Autriche, est en application depuis un an. Si son principe même et la méthode suivie sont instructifs, combien plus intéressants encore apparaissent les faits qu'il a été possible d'observer : le brusque rétablissement de la confiance et la restauration du crédit, la marche rapide vers l'équilibre budgétaire, le retour des capitaux émigrés, l'afflux des capitaux étrangers, le développement des affaires et la reconstitution du stock des devises ».

M. Ador citait ensuite quelques chiffres relatifs au budget :

« Durant le premier semestre, le déficit a été inférieur de 800 milliards aux prévisions de la délégation de la Société des Nations. Ce déficit mensuel, qui atteignait en octobre 1922 572 milliards, a été successivement arrêté par le commissaire général à 218 pour septembre, et on espère qu'il sera complètement réduit d'ici à fin 1924. »

M. Ador soulignait ensuite l'adaptation économique qui s'est produite en Autriche ; la couronne autrichienne a été, depuis un an, la monnaie la plus stable de l'Europe et elle aurait même connu un mouvement de hausse si la politique monétaire officielle n'avait été la stabilisation.

En terminant, M. Ador, très applaudi, put constater combien les conséquences de l'intervention de la Société des Nations sont réconfortantes :

« Vienne a retrouvé son rôle de grande place internationale, l'Autriche se relève. Le jour où la Société des Nations a pris en main son sort a été le jour de son salut. La première grande œuvre de reconstitution accomplie depuis la guerre, comme l'a dit l'éminent président du Conseil, ne l'a été que par la coopération internationale. Elle constitue sans aucun doute un événement historique de premier ordre. Elle marque une grande date dans l'évolution de l'humanité. » (*Vifs applaudissements.*)

Et l'honneur de cette situation revient certainement à la collectivité des nations, alliées ou associées, mais aussi à certains hommes, à Monseigneur Seipel, à M. le chancelier Zimmermann, l'ancien bourgmestre de Rotterdam, à qui fut confié le poste délicat entre tous de commissaire général.

Pour un emploi sans précédent, M. Zimmermann paraissait parfaitement qualifié : chargé d'arbitrer le différend austro-hongrois concernant le Burgenland, il avait prouvé qu'il savait allier l'énergie au tact, l'intelligence à la volonté ; parlant également le français, l'anglais et l'allemand, il sut agir rapidement dans les questions qui demandaient à être résolues rapidement, telles que celles de la réduction des fonctionnaires ou du démantèlement de la citadelle du gaspillage, à savoir l'administration des chemins de fer. Et il a obtenu une stabilisation du change qui a permis aux affaires de reprendre et d'enregistrer sans scepticisme les déclarations que le commissaire général formulait en présence d'un Français : « Je suis optimiste parce que je crois que l'Autriche attirera des capitaux plus que d'autres pays de l'Europe centrale, étant comme un îlot garanti par les grandes puissances européennes, et que ces investissements privés de l'étranger contribueront à assurer l'équilibre de la balance des comptes. Cette raison de sécurité exceptionnelle fait prévoir en outre le rapatriement des capitaux indigènes placés au dehors pendant la tourmente, retour qui avec les investissements publics et privés du dehors, permet d'espérer que le déficit de la balance des comptes sera couvert pendant toute la période de reconstruction jusqu'à ce que l'Autriche adaptée puisse vivre par elle-même et se développer normalement. »

Mgr Seipel, prélat romain né à Vienne en 1876, est un théologien, un sociologue, un juriste. Ses ouvrages, par exemple *Nation und Staat*, font autorité. Il était professeur à l'Université de Vienne quand, en octobre 1918, il devint ministre de la prévoyance sociale, dans le dernier cabinet impérial présidé par M. Lammasch. « Ceux qui ont eu l'occasion de l'approcher, disait naguère de lui M. Poincaré, ont conservé de lui l'impression d'un homme de ferme bon sens, de haute droiture, de caractère élevé ». Si quelqu'un peut sauver l'Autriche, c'est lui. Le 3o mai il a constitué son cabinet de sept chrétiens sociaux, de trois pangermanistes et d'un fonctionnaire : aux Affaires étrangères M. Grünberger. « C'est, dit le *Reichspost*, une tentative pour sauver l'Etat à la dernière minute ». Mgr Seipel a exposé son programme : économiser, augmenter les impôts, émettre un emprunt intérieur, réduire le nombre des fonctionnaires, ranimer la production, surtout créer une nouvelle banque d'émission indépendante de l'Etat avec privilège d'émission du nouveau papier. Ce programme, la Société des Nations en adopta les grandes lignes et à son exécution, le chancelier apporta toute sa loyauté. Il fut singulièrement aidé dans cette tâche par le commissaire général à qui incomba la tâche de retenir le gouvernement sur la voie des dépenses et de l'arrêter dans les limites fixées à l'avance.

Pour apprécier ce que présente de délicat le mécanisme appliqué, il suffit de feuilleter les documents mensuellement adressés à la Société des Nations : on y examine successivement les données statistiques recueillies par le commissaire pour le mois précédent, les conditions dans lesquelles s'est poursuivi, pendant la même période, le plan de réforme arrêté entre le gouvernement autrichien et la Société des Nations, l'état des recettes et des dépenses pour le mois qui a précédé la rédaction de la note du communiqué, le dernier relevé mensuel concernant la réduction du nombre des fonctionnaires (le chiffre de cinquante mille était dépassé en juillet dernier), la situation des recettes pour les tabacs et les douanes, les prévisions du budget pour le mois suivant, enfin une étude sur la situation de la Banque nationale.

*
* *

Tandis que les gouvernants de l'Autriche nouvelle, par l'application des mesures visées ci-dessus et par leur entente avec le commissaire représentant la Société des Nations, mettaient leur pays à même de profiter de la bonne volonté des vainqueurs de la Grande Guerre, comment se comportaient-ils à l'égard de leurs proches voisins ? Entièrement absorbée par le rétablissement de sa situation intérieure, l'Autriche ne pouvait que rester insensible aux agitations du dehors : son grand mérite a été de se prêter loyalement à l'expérience qui a été tentée sur son corps exsangue et qui a d'ailleurs jusqu'ici heureusement réussi à lui rendre la vie. La nouvelle République ne devait et ne pouvait, en fait de relations extérieures, que donner tous ses soins à des tractations d'ordre commercial destinées à rétablir certains courants anciens si utiles à elle-même comme à ses voisins, et ici elle joua un rôle actif tandis que par ailleurs elle ne pouvait que faire montre d'une docile passivité, par exemple lorsqu'à ses portes s'organisait cette « Petite-Entente » entre Tchéco-Slovaques, Roumains et Polonais qui devait en principe maintenir la Hongrie dans le respect des Traités, qui, lors des folles équipées de Charles de Habsbourg, fit preuve du Gouvernement de Budapest de la plus louable énergie et qui eût agi de même vis-à-vis de l'Autriche si elle avait accueilli le prétendant. Attitude passive également lorsque prenant une initiative qui lui était dictée par le propre intérêt de la Tchéco-Slovaquie, M. Bénès vint au secours du nouvel Etat défaillant et par ailleurs lui imposa, à la grande fureur des Pangermanistes, la reconnaissance des Traités de Saint-Germain et de Trianon, et l'engagement de les défendre en toutes circonstances.

*
* *

Si l'Autriche-Hongrie constituait un ensemble économique dont les différentes parties se complétaient heureusement et qui s'offraient les unes aux autres les services, les débouchés permettant à l'Empire de rester comme en dehors et à l'abri de la concurrence internationale, l'Autriche du Traité de Saint-Germain ne possède plus les territoires dont elle tirait les matières premières nécessaires aux industries qui lui restent et elle les paie sur le marché international : à quel prix ? Les cours de son change répondent à la question. A l'intérieur de ses frontières nouvelles, peu de charbonnages importants, si bien qu'elle doit prendre au dehors les quatre cinquièmes de son combustible : la Haute-Silésie et la Tchéco-Slovaquie sont ses principaux fournisseurs. Par contre, l'Autriche, pays montagneux, est exceptionnellement favorisée au point de vue de la houille blanche et l'administration des chemins de fer a dressé un plan d'électrification des voies ferrées applicable successivement aux lignes de l'Arlberg, du Voralberg, du Salzkammergut, des Tauern. La Styrie détient des gisements de fer importants, presque tous en possession d'une société l' « Alpine », qui fut un temps entre des mains françaises, mais qui, grâce à l'action de ce banquier viennois, Castiglioni, dont la fortune subite est un des incidents typiques de l'après-guerre, ont passé sous le contrôle de Hugo Stinnes. Par contre, le Creusot s'est assuré la prépondérance dans l'exploitation des seuls gisements importants en Europe de magnésite, ce produit indispensable à la métallurgie de l'acier, situés sur le territoire de la nouvelle Autriche. Des autres produits miniers que l'on y découvre, il n'y a guère lieu de parler.

Le gouffre sans cesse grandissant creusé dans

le budget tenait à l'insuffisance de la production
agricole du nouvel Etat et à la nécessité d'effectuer en monnaie étrangère l'achat des vivres strictement indispensables au pays : de l'avis de ses
nouveaux gouvernants et en particulier du docteur Haïnisch, président de la République, l'Autriche pourrait augmenter de 5o pour 100 sa production laitière et de 3o pour 100 sa production
en céréales. Ne pourrait-on, pour atteindre ce
résultat, fertiliser et les régions sablonneuses de la
plaine du Marchfeld, au nord de Vienne, par
l'épandage du tout à l'égoût viennois actuellement déversé dans le Danube, et le lac de Neusiedl
et les marais de ses rives partiellement desséchés ?
Au lendemain de la guerre, la productivité de la
terre était réduite de moitié : il faudrait revenir
aux 14 millions de quintaux de céréales d'avant
1914 et alors il n'y aurait plus à importer que
12 millions de quintaux, ce qui constitue encore
un joli denier, pour arriver aux 26 millions consommés avant 1914.

L'élevage du bétail se trouve plus favorisé par
la nature que l'agriculture proprement dite et
plus de 2 millions d'hectares de prairies, de pâturages, de collines et de pacages de montagne nourrissaient 2.317.000 bovins et 1.831.000 porcs ;
ces chiffres d'avant-guerre doivent être aujourd'hui récupérés et suffire aux besoins de la population. Un bon tiers du territoire est occupé par
des forêts qui constitueraient, s'étendant sur trois
millions d'hectares, une très appréciable richesse
si l'extrême division de la propriété dans cet

ordre d'idées et plus encore leur situation, qui rend l'exploitation particulièrement difficile, ne diminuaient pas le rendement de cette branche de production. Il est enfin à noter que tandis que des coupes exagérées ont été effectuées pendant la guerre pour des nécessités militaires supérieures, un phénomène nouveau intervint après l'armistice, la crise du charbon dans les grandes villes, laquelle a décuplé la consommation du bois de chauffage au détriment de l'industrie et des exportateurs de bois. L'industrie du bois paraît devoir prospérer sous cette réserve qu'il n'y aura pas abus dans l'application au chauffage du produit des forêts. Deux cent cinquante-sept scieries à vapeur et cinq mille deux cents scieries hydrauliques alimentent l'industrie du meuble, du parquet et de la menuiserie que favorise le goût de l'artisan viennois et la valeur de la matière première. Cette même matière première est assez abondante pour permettre à l'industrie du papier de prospérer sans faire appel à l'étranger et ici encore, si le combustible ne fait pas défaut, il est à noter que les nouvelles frontières laissent au nouvel État les deux tiers des manufactures de papier de l'ancienne monarchie.

Que dire de la royauté subite des nouveaux riches ; un misérable petit tailleur secourt en 1915 une archiduchesse victime devant sa porte d'un accident de voiture : il en profite pour se faire donner une fourniture de draps et arrive promptement à une fortune de deux milliards de couronnes. Les conditions nouvelles dans lesquelles se meut l'industrie ont créé une situation parfois paradoxale. Le fer est abondant et de bonne qualité, mais peu de charbon pour le traiter ; les filatures de coton travaillent au point que les deux tiers de la production sont exportés, mais les tissages sont en nombre insignifiant pour répondre aux modestes besoins d'une population de 6 millions et demi d'habitants. La nouvelle Autriche a conservé 20 pour 100 des filatures de l'ancienne monarchie et 10 pour 100 des tissages, soit pour les filatures de laine 180.000 broches et pour celles de coton 1.171.000, pour les tissages de coton 11.600 métiers et pour ceux de laine 1.280. A côté de l'industrie de la confection proprement dite qui continue à fournir de ses modèles les Etats successeurs, les pays balkaniques et l'Egypte, où toutes les maisons importantes de Vienne entretiennent des succursales, l'industrie très développée des fourrures peut continuer avec succès à concurrencer l'Allemagne sur les grands marchés occidentaux.

Pour ce qui reste d'industrie à l'Autriche, quels sont les facteurs qui en assurent la prospérité, sinon les banques ? La création, le fonctionnement et, depuis la guerre, le développement de ces institutions constitueront certainement un jour un des chapitres les plus intéressants de l'histoire économique du vingtième siècle.

Avant 1880, les transactions internationales de crédit, l'émission d'emprunts d'Etat, le financement des voies ferrées, tel était le triple objetif que se proposaient les banques de Vienne. A par-

tir de cette époque, elles imitent, mais en les sur-
passant, les procédés pratiqués par les Allemands,
s'attachant à prendre des participations dans l'industrie, les choisissant de manière à compléter
l'une par l'autre les entreprises passées sous leur
influence, procédant à toute une série méthodique
de fusions dont le résultat fut de supprimer bien
des rivalités mesquines ou ruineuses et d'augmenter le coefficient de production et la solidité de
l'industrie autrichienne. Les établissements ban-
caires, non seulement s'assuraient la propriété
d'actions, mais prenaient une part active dans les
affaires qu'elles contrôlaient tant par l'intervention d'administrateurs par eux désignés que souvent par une surveillance salutaire de la comptabi-
lité. Les banques, se trouvant engagées au développement d'un grand nombre d'entreprises, durent mettre à leur disposition des capitaux de plus
en plus importants et consentir à des crédits d'ac-
ceptation, à l'escompte de traites et de papiers de
commerce, à des avances contre garantie et aussi
sans garantie spéciale, enfin à l'escompte des fac-
tures des entreprises affiliées qu'elles recouvraient
ensuite pour leur propre compte.

Les choses se sont-elles modifiées depuis la
guerre ?

Le commerce de banque est resté florissant à
Vienne. Les financiers de cette place continuent à
mériter la réputation de hardiesse raisonnée qu'ils
s'étaient acquise, ont travaillé habilement avec le
gouvernement pour sauver une situation qui semblait totalement compromise, et ils ont traité fruc-

tueusement avec l'étranger pour le succès des emprunts nécessités, soit par la situation alimentaire, soit par l'exécution des opérations que rendait indispensable l'entente intervenue avec la Société des Nations.

Les événements consécutifs à la Grande Guerre avaient un moment singulièrement ébranlé l'édifice bancaire viennois et la séparation prescrite en Bohême entre les succursales de banques viennoises et leurs maisons mères n'avait pas laissé que de gêner l'activité de celles-ci ; on y para par la constitution au delà des nouvelles frontières d'organes autonomes. Pour ce qui est d'anciennes et importantes institutions, telles que l' « Anglo-Austrian Bank », elle a son siège en Angleterre et est aujourd'hui au capital de 1.406.370 livres sterling ; pour l'ancienne « Länder Bank » (Banque des pays autrichiens), elle est devenue la Banque des Pays de l'Europe centrale, société française avec son siège à Paris et un capital de 100 millions de francs. Pour ce qui est des banques restées viennoises, il convient de citer la « Credit Anstalt für Handel und Gewerbe » au capital de 20 milliards de couronnes, le Crédit Foncier d'Autriche, dont les portefeuilles français contiennent de nombreux titres, au capital de 10 milliards 800.000 couronnes, et enfin, pour ne citer que les premiers établissements de cette spécialité, le « Wiener Bank Verein », au capital de 15 milliards. Et pour ceux qui trouveraient que l'on jongle ici avec les milliards, indiquons qu'à l'heure actuelle la couronne or vaut 14.400 couronnes papier.

*
**

Si surprenante est l'évolution que l'on a cherché à décrire ici, si rapide est le rétablissement d'un État dont les propres citoyens étaient les premiers à désespérer, que les optimistes triomphent, mais que bien des médecins Tant-pis, hochent la tête, laissant entendre qu'une rechute est toujours possible et qu'alors ce pourrait bien être grave. Certes il peut se produire des incidents qui mettent obstacle à la marche en avant ; le contraire même aurait de quoi étonner, mais pourquoi ce temps d'arrêt ne serait-il pas seulement momentané ? Les éléments de vitalité que nous avons notés n'ont rien d'éphémère, mais ce qui milite surtout en faveur de l'Autriche, ce sont les dispositions morales de ses citoyens, gouvernants et gouvernés : en soi d'abord et ensuite par leur répercussion sur les peuples de l'Occident. Les durs sacrifices sérieusement consentis à la cause de la restauration du pays, la fidélité aux engagements pris, tant d'efforts concentrés vers une adaptation aux conditions nouvelles, voilà qui produit la meilleure impression sur le monde civilisé, voilà qui restaurera de jour en jour le crédit de l'État. Celui-ci cherche à pallier à la disproportion qui existe entre les éléments vitaux de la nation, industrie, commerce, agriculture. Il a déjà passé avec ses voisins des accords commerciaux ; il convie le monde à une foire à Vienne, tandis que les municipalités et associations privées développent le mouvement touristique, y réussissant au point d'éveiller les inquiétudes de la Suisse, d'ailleurs sur ce point gênée par le change. Les dirigeants de la République se rappellent le rôle que Vienne a joué naguère dans la distribution de la richesse entre l'Occident et l'Orient. « Pourquoi, se disent-ils justement, l'ancienne capitale ne reprendrait-elle pas ce rôle auquel, aujourd'hui comme hier, la prédestinent sa situation géographique, la voie d'eau incomparable qui la côtoie, le réseau ferré important dont elle est le centre ? » N'ont-ils pas une vision exacte de l'avenir, et ne peut-on faire des vœux pour que leur rêve devienne la réalité, sans oublier toutefois que si ce rêve a en vue le pacifique développement de l'humanité, c'est de Vienne qu'est partie l'étincelle qui a mis le feu au monde et provoqué tant de ruines, tant d'incendies, tant de désespoirs.

Juin 1924.

CHAPITRE V

EN POLOGNE

On a parlé du miracle de la Marne ; ne pourrait-on pas plus justement parler du miracle de la Vistule quand en se remémore ce que la Pologne était en 1914 et à quel risque de mort elle échappa en 1920. Son unité territoriale venait d'être reconstituée mais, on l'a quelque peu perdu de vue, ce fut dans des conditions difficiles, celles-là même où la nature l'avait placée avant le moment où elle succomba sous la coalition des trois Empires, puissants alors, qui se partagèrent ses dépouilles.

Le vaste territoire qui, à la fin du xviiie siècle, devait tomber aux mains de voisins rapaces, la Pologne avait su le défendre contre Prussiens et Lithuaniens, Tchèques et Hongrois, Tartares et Turcs. A vrai dire, dès les premières années de son existence, elle se trouve prise entre deux forces redoutables qui tendent à se rejoindre, l'avidité germanique et la brutalité moscovite. Tandis qu'au xe siècle, Henri l'Oiseleur fondait la marche orientale avec le but de détruire les Slaves de l'Elbe, Othon le Grand confiait cette même marche au Margrave Géro ; les Allemands arrivent sur l'Oder. Par contre et comme en pendant se forme, du ixe au xiie siècle, un agrégat de principautés avec Kiew pour capitale. Au premier Prince polonais dont l'Histoire note les faits et gestes, Miesko Ier, l'Empire impose sa suzeraineté avec paiement d'un tribut annuel et en même temps le Prince Russien Vladimir envahissait la Ruthénie. Et ce jeu de pendule se continue pendant des siècles. Le fils de Miesko, Boleslas le Vaillant, lutte contre Henri de Bavière, allié aux Princes de Kiew, à l'un il impose le traité de Bautzen, aux Russiens il prend Kiew et y installe son gendre. Mais, sous Miesko II, les Russiens à leur tour envahissant les provinces orientales de Pologne en même temps que Conrad de Franconie se jette sur la Silésie et la Lusace. Ce qui sauva la Pologne, ce fut cette double circonstance, d'une part que l'Empire eut à lutter contre les ambitions Tchèques, et de l'autre, que trois siècles d'anarchie permirent aux Tartares de dominer les principautés Russiennes et de subjuger l'Etat Moscovite. Si, pendant ces trois siècles, la Pologne peut se borner à repousser les Tartares, elle lutte contre le germanisme sans avoir à craindre la conjonction des deux forces adverses qui sans cesse la menaçaient.

Après l'écrasement à Grunewald des Teutoniques, de ces faux-frères qui se présentaient en Europe comme les défenseurs de la foi, au point que de loyaux chevaliers de France et d'Angleterre mirent leurs épées au service de ces précurseurs du pangermanisme, le grand maître de l'ordre dut se reconnaître vassal de la Pologne, puis quand l'Etat Teutonique sécularisé devint une monarchie héréditaire avec Albert de Brandebourg comme souverain, ce dernier accepta la suzeraineté de la Pologne. Au commencement de xvi° siècle, cette puissance domine nettement le Germanisme, mais la constitution de la monarchie prussienne devait renverser la situation, d'autant qu'au fur et à mesure que les grands ducs de Moscou se libéraient du joug Tartare, l'élément allemand renouait ses tractations avec les Russiens. Frédéric III jaloux de la prépondérance des Jagellons qui dominaient en Pologne, en Lithuanie, en Hongrie, envoie une ambassade à Ivan III et en 1491, conclut avec lui une alliance contre la Pologne. Après ces luttes sans cesse renouvelées où les Polonais ont continuellement l'avantage, deux faits se produisaient au début du xviii° siècle qui devaient avoir des conséquences fatales pour le Royaume : en 1701, l'électorat de Brandebourg devenait royaume de Prusse et, en 1703, Pierre le Grand fondait Saint-Pétersbourg pour prendre quelques années plus tard le titre d'Empereur de toutes les Russies. Et ne doit-on pas constater que les réformes de Pierre Ier coucourent singulièrement à la germanisation de la Moscovie, toutes les hautes fonctions administratives et gouvernementales étant confiées par le Souverain à des Allemands, tels les Ostermann, les Munch, les Keyserling, les Biron. Et par ses attaches avec les Holstein-Gottorp, la dynastie elle-même ne devenait-elle pas allemande, c'est-à-dire foncièrement hostile à l'élément polonais ? Allemagne et Russie devaient fatalement s'entendre pour la perte de la Pologne.

Après avoir été le rempart de la chrétienté et y avoir usé le meilleur de ses forces, après avoir, au siège de Vienne, sauvé l'Europe d'une invasion des Turcs, après avoir, sur les frontières orientales, contenu les Tartares dans les luttes dont le grand peintre Martchenko illustra les phases glorieuses, la Pologne poursuivit sa mission sous une autre forme et après avoir subi l'influence des philosophes français, elle se rallia sans hésitation et avec éclat aux principes de la Révolution. Mais ainsi fut hâtée sa perte : le prétexte imaginé pour la détruire fut le même pour les trois dynasties de proie, ce fut la nécessité d'abattre le « démocratisme » français et de détruire les maximes de la « secte atroce » des Jacobins ; frapper la Pologne, c'était atteindre la France. Parallèlement, le jour où sa patrie fut couchée au tombeau, Dombrowski s'écriait : « Désormais la seule chance de salut pour la Pologne, c'est la victoire de la République Française ». Et à Bonaparte, en Italie, il amène ses légions qui, fidèles à nos drapeaux, les suivent sous le soleil d'Espagne comme dans les glaces de la Moscovie. Les soldats polonais, après la retraite de Russie, après la mort de Poniatowski au passage de la Bérézina, ne défendaient-ils pas Paris avec les Marie-Louise ?

Les guerres de l'Empire avaient éveillé dans les cœurs polonais des espoirs indéfinis : le Congrès de Vienne confirme les partages et, depuis un siècle, ce sont les procédés les plus brutaux d'assimilation de l'élément indigène auxquels se rattachent les noms de Bismarck et de Bülow. Bis-

marck, en 1863, n'avait-il pas dit que l'extinction
de toute insurrection polonaise était pour la Prusse
une question de vie ou de mort ? N'avait-il pas, à
cette époque, mis la main sur le trésor considérable déposé à la Banque de Berlin par le Gouvernement provisoire polonais et ne confisquait-il pas
les biens de ceux de ses sujets qui prenaient part
à l'insurrection ? Il disait que « celui qui enlève-
rait la Pologne à la Prusse lui couperait les ten-
dons ». Et plus tard le Prince de Bülow s'était
écrié, au Reichstag, le 13 juin 1902 : « L'affaire
des Marches de l'Est est celle du développement
de laquelle dépend l'avenir immédiat de notre patrie ». Ces déclarations indiquent suffisamment
dans quel esprit devaient agir les hommes d'Etat
allemands.

La grande idée du premier chancelier de l'Empire fut d'éliminer l'élément polonais de la terre
qu'il avait toujours cultivée et il décida de colo-
niser la Posnamie avec des Allemands, les déposs-
sédés devant céder la place moyennant dédommagement, puis disparaître définitivement. Et ce fut
la création d'une société au capital imposant dont
l'action ne correspondit nullement à l'espoir conçu
par l'autoritarisme Prussien. Devant l'échec de
l'entreprise à laquelle s'était appliqué son prédéces-
seur, le Prince de Bulow imagina mieux : il fit
décréter par la Chambre Prussienne que l'expro-
priation ne se ferait plus à l'amiable, mais que l'autorité administrative pourrait prononcer l'éviction pure et simple. Et l'interdiction aux enfants
de parler leur langue natale, et les scènes sauvages

de répression lorsqu'ils étaient pris en défaut, voilà ce que, depuis le début même du siècle, ont pu chaque jour noter dans leur chronique étrangère les journaux de notre pays comme ceux des nations libres, justement émus de tant d'arbitraire. Et cet arbitraire, il devait d'autant plus émouvoir les citoyens indépendants que s'ils prenaient la peine de remonter dans l'histoire de la Pologne au temps où elle était libre et puissante, ils notaient, à chaque page de cette histoire, le scrupule avec lequel la puissance polonaise pratiquait le respect des nationalités soumises à sa domination.

*
* *

Comment fut fondée par exemple l'union Polono-Lithuanienne ? Le « Privilège de Horoldo » qui, en 1413, fixa les conditions de cette union, proclamait tout d'abord : « C'est une vérité évidente que l'on ne peut marcher sans le secours de la charité, cette vertu qui ne sait pas commettre le mal et qui brille de la bonté qui est son essence. C'est elle qui réconcilie les cœurs désunis, qui apaise les conflits, dissipe les haines, brise les rancunes, procure à tous les hommes la paix féconde, rassemble ce qui était dispersé, relève les ruines, aplanît les aspérités, redresse les voies tortueuses, inspire toute la vertu. Personne n'est lésé par elle, elle embrasse tout dans son amour. Celui qui se réfugie dans ses bras y trouve la sécurité et ne redoute aucun assaut. Celui qui vient à la mépriser renonce à toute chance de bien ».

Et le même esprit préside, du côté Polonais, à tous les actes ultérieurs qui ont visé l'entente entre les deux nations voisines.

Au milieu du xvᵉ siècle, les villes et seigneurs de Prusse, écrasés par la tyrannie des Teutoniques, offrent à Casimir IV l'annexion de la Prusse et de la Poméranie : Comment s'exprime Casimir Jagellon pour indiquer quel statut sera conféré aux terres prussiennes ? « Nous promettons, dit-il, en notre nom et en celui de nos héritiers et successeurs, que tous les droits, privilèges et dotations des prélats, barons nobles et bourgeois, ainsi que de leurs maisons et sanctuaires, seront religieusement maintenus, qu'il n'y sera jamais porté aucune atteinte ni souffert qu'il y soit porté par qui que ce soit. Afin qu'ils sentent dès maintenant les bienfaits de notre main, nous les libérons du lourd impôt appelé « Funt Zoll », de toutes douanes et taxes, et promettons que ces charges ne seront rétablies ni par nous ni par nos successeurs. Et quoique les Chevaliers Teutoniques se soient jusqu'ici approprié toutes les épaves rejetées sur les côtes par la mer, nous, roi chrétien ayant horreur de cette pratique injuste et cruelle, promettons que toutes les épaves, quels qu'en soient le poids et le prix, seront rendues à leurs propriétaires ou, s'ils ont eux-mêmes péri en mer, à leurs légitimes héritiers, etc... » On se rend compte par cette citation de l'esprit qui présidait aux décisions du pouvoir polonais. Un siècle plus tard était annexée la Livonie, et on ne s'étonnera plus de voir Sigismond Auguste tenir le langage suivant : « Par les présentes, nous garantissons solennellement à tous les habitants le droit de pratiquer librement leur religion et leur culte selon les rites de la confession d'Augsbourg et nous confirmons leurs constitutions écclésiastiques telles qu'elles existent présentement et ne souffrirons pas qu'il y soit fait le moindre changement. Les habitants de cette province conserveront leur régime municipal allemand. Nous ne conférerons les charges publiques à nul autre qu'aux personnes de nationalité et de langue allemande. Nous désirons faire savoir à tous que loin de vouloir diminuer les droits et libertés des terres de Livonie, nous voulons au contraire les augmenter et que par le présent diplôme nous les approuvons, confirmons et ratifions. »

Ainsi parlait-on en Pologne au temps d'Ivan le Terrible et le contraste saute aux yeux entre cette politique scrupuleusement respectueuse des lois, coutumes, libertés et religions des peuples et la politique d'assimilation violente qui fut pratiquée par les voisins de la Pologne, non seulement au xv⁰ siècle, mais depuis et dans tant de circonstances. Les Rois de Pologne n'ont-ils pas refusé le trône des Tzars ? Et les hospodars de Moldavie et de Valachie n'ont-ils pas, à maintes reprises, inutilement sollicité de devenir les vassaux des rois de Pologne ? De ces derniers l'idéal était de lutter pour la chrétienté. Tenir en respect les Tartares pendant des siècles, ce fut bien. Lutter contre les Turcs, ce fut mieux encore. En 1444, Jean Hunyade, grand hetman de Hongrie, battit les Ottomans, mais il avait comme allié Ladislas VI. Quand en 1683, Sobieski défit les Turcs sous Vienne, il sauva du même coup l'Autriche et la Hongrie et l'Europe. Seule, la Pologne ne tira aucun parti de la victoire remportée ; au contraire, elle était épuisée par l'effort et Sobieski, devant l'ingratitude de l'Autriche à son égard pouvait s'écrier : « Je suis réduit à rien et pourtant ce n'est pas de moi que je parle ni de mes intérêts, mais seulement de l'intérêt de toute la chrétienté ! »

Les épreuves cruelles des partages ont-elles converti le peuple polonais à des vues plus personnelles ? Tandis que Nicolas veut réprimer la Révolution de Juillet 1831, et donne l'ordre à l'armée polonaise de se préparer à combattre les Français en formant l'avant-garde de l'armée russe, les Polonais se soulèvent, courent aux armes au cri de : « Mort aux tyrans ; Vive la France ! » En 1848, les Polonais se battent partout pour la liberté, en Toscane, en Suède, en Autriche, en Hongrie, en Allemagne. Et en 1867, désireux d'affranchir les Russes comme eux-mêmes, ils inscrivent sur leur étendard : « Pour notre liberté et la vôtre ». Le 22 janvier 1867, le Comité Central des Insurgés déclarait : « Nous faisons appel à toi, nation moscovite, malheureuse et opprimée, triste et affligée comme nous mêmes. Tes fils ont été pendus au gibet ou ont trouvé une mort cruelle comme notre peuple dans les neiges de Sibérie. C'est pourquoi nous te pardonnons le meurtre de notre patrie ».

A une époque plus proche encore de nous, pendant la grande guerre, le front russe s'effrite, l'anarchie s'affirme partout : un congrès panrusse se réunit à Moscou ; un Polonais, Smolski, prend la parole : « Depuis le commencement de la guerre nous avons rempli et nous continuons à remplir notre devoir civique, non seulement dans la mesure de nos forces, mais peut-être même au-delà. Le Royaume de Pologne ruiné, des centaines de mille de fugitifs chassés de leurs foyers, errant dans la misère et la faim à travers les espaces immenses de la Russie, nos terres et nos maisons ravagées et brûlées, sur le front et à l'arrière, dans les villes et les villages, voilà notre réponse au gouvernement quand il nous demande des sacrifices. Nous sommes prêts à accepter d'autres épreuves si elles sont nécessaires, pour le bien, pour le salut du pays. Je dis cela au nom de la population polonaise dont la patrie a été condamnée par les destins à éprouver les calamités immenses de la discorde intérieure, les suites funestes d'une autorité sans force et, plus encore, de la dispersion du pouvoir. Toutes ces fautes, la Pologne les a payées de plus d'un siècle de servitude. Puisse ce triste exemple être un enseignement pour la Russie ? »

En octobre 1918, l'Allemagne à son tour est en pleine déliquescence. Le 25, Adalbert Korfanti, le grand chef du polonisme silésien, monte à la Tribune du Reichstag pour saluer l'effondrement du militarisme prussien : va-t-il s'en prendre au germanisme qui, depuis des siècles, travaille à la ruine de sa race ? Ecoutons-le : « Nous n'avons pas attendu la destruction du militarisme prussien

pour en dire ce qu nous pensions. Moi-même,
qui passe pour un orateur très agressif, je n'ai
cessé, au cours de ma longue vie parlementaire, de
reconnaître les qualités du peuple allemand. Vous
dites que les Polonais ont une haine insondable
pour la Prusse. Non, le sentiment qui emplit nos
cœurs à l'égard du système prussien est tout autre : C'est le mépris. Au moment où les liens qui
nous unissaient vont être rompus, nous ne pouvons oublier que la nation allemande et la nation
polonaises sont condamnées à vivre côte à côte :
je déclare ici solennellement que la nation polonaise démocratique, ennoblie par les épreuves sé-
culaires, tend une main fraternelle à la nation démocratique libérée du prussianisme et la convie à
collaborer avec elle pour leur bien réciproque et
pour celui de l'humanité ».

On le voit, à toute époque de son histoire, la
mentalité du Polonais est la même : généreuse,
mais par trop désintéressée ; les plus dures épreuves n'ont pas réussi à la modifier.

Au moment où la Pologne proclamait son droit
à la vie et déclarait vouloir faire figure d'Etat moderne, sur quels facteurs pouvait-elle compter
pour atteindre le légitime objet de ses ambitions ?

Un pays dévasté par des invasions armées avançant, puis refluant en détruisant tout sur leur
passage, une population appauvrie, anémiée par
les privations et singulièremnt diminuée, tels

étaient les éléments sur lesquels pouvait compter la Pologne pour remplir sa tâche ; pas encore de frontière, pas d'armée, pas d'administration ; pas d'outillage ou de matières premières pour remettre en marche l'agriculture et l'industrie, telles étaient les négations avec lesquelles il fallait mettre debout de toutes pièces un Etat, et cela non par agrégation à un organisme préexistant, mais bien par la juxtaposition de trois tronçons ayant depuis cent ans vécu dans des conditions différentes et ayant adopté des habitudes dissemblables : la Posnanie, courbée sous la chlague prussienne, ligottée par les réglements savants qu'appliquent une bureaucratie haineuse, le grand Duché de Varsovie, aussi dénommé la Pologne du congrès, où, de temps à autre, survenait un ouragan de mesures attentatoires à toutes libertés, de sauvages agressions, lorsque dans la vie courante la corruption tempérait largemnt l'arbitraire, la Galicie enfin, appelée « la Pologne où l'on chante », tant s'y faisait léger le joug autrichien si rigoureux à d'autres populations de l'Empire.

Et voici comment s'exprimait M. Hoover le dictateur américain au ravitaillement : « Je ne connais dans l'histoire ancienne, situation aussi désespérée que celle dans laquelle se trouva le grand soldat et patriote Pildzuski lorsqu'il posa à Varsovie la première pierre angulaire du gouvernement Polonais. A ce moment là, un pays de trente millions d'habitants était en pleine anarchie, en proie à une telle famine, que les enfants ne jouaient plus dans les rues. Chaque jour des milliers de

gens y mouraient d'épidémie. Une grande partie
du pays était dans les serres affreuses de l'invasion bolchevique. Une population partagée depuis
cent cinquante ans, incapable de payer les impôts, était absolument dépourvue de moyens pour
maintenir l'ordre ou pour repousser une invasion
et elle ne disposait d'aucun des éléments les plus
indispensables pour constituer un grand mécanisme administratif. »

L'élaboration d'une constitution, la création
d'une Administration d'Etat complète, la conclusion d'un Traité de Paix avec les Soviets, la fixation définitive de frontières nouvelles, l'établissement de ressources d'Etat régulières, la suppression des différentes circulations monétaires et leur
remplacement par le mark polonais et enfin la
création d'une armée suffisamment forte pour
protéger l'effort tenace de la nation vers un avenir
meilleur, voilà les tâches immenses que, simultanément, il fallut mener à bien.

La Pologne de 1923 avec ses 400.000 kilomètres
carrés est loin de comprendre l'étendue de la Pologne des partages. Est-ce un mal qu'elle n'englobe pas sous son administration la Russie Blanche et une portion considérable de l'Ukraine, où
les Polonais n'existent qu'à l'état de minorités ?
Est-il de l'intérêt bien entendu d'une puissance,
surtout quand elle a déjà à souder trois tronçons
ayant plus d'un siècle vécu chacun d'une vie in-

dépendante, de s'adjoindre une forte proportion d'élément allogènes ? La Pologne actuelle est plus purement polonaise, et de beaucoup, que ne le fut celle du passé, celle du temps de sa splendeur où elle s'étendait de la Baltique à la Mer Noire. On doit constater tout d'abord que la partie des frontières polonaises qui tient le mieux compte des conditions ethniques est peut-être la frontière orientale, c'est-à-dire celle qui a été fixée par cette convention de Riga, signée en 1920, entre la Pologne et la Russie Soviétique. Partout ailleurs, les aspirations polonaises les plus légitimes ont été combattues, mais toujours par la même puissance. Dans quelles dispositions les vainqueurs de la guerre avaient-ils donc abordé l'examen du problème polonais ?

Le 3 juin 1918, les premiers ministres de France, d'Angleterre et d'Italie avaient affirmé que « la création d'un Etat polonais uni et indépendant, avec un libre débouché sur la mer, constitue une des conditions d'une paix juste et solide et du règne du droit en Europe ». Et le Président Wilson, dans le treizième de ses quatorze points, avait déclaré qu' « un Etat polonais indépendant devrait être créé et qu'il devrait inclure les territoires habités par des populations indiscutablement polonaises qui devraient être assurées d'un accès libre et garanti sur la mer ».

La France au surplus, quand s'ouvrit la conférence de la Paix, ne dissimula pas son sentiment : elle se déclara, par l'organe de son Ministre des Affaires Etrangères, pour une Pologne grande et forte, très forte. L'Italie se montra en général plutôt disposée à favoriser les prétentions polonaises, mais sans s'aventurer trop loin et sans, pour les appuyer, se compromettre à fond. Les Japonais se désintéressèrent de la question. Pour ce qui fut des Américains, leur Président et ses conseillers, tout en faisant preuve d'amitié et de sympathie pour la Pologne, considéraient le problème en se plaçant objectivement au point de vue des principes généraux qui se trouvaient en jeu. Restait la Grande-Bretagne : les Polonais lui attribuent tous leurs déboires diplomatiques. La mauvaise volonté que le gouvernement anglais a vraiment témoignée à la cause polonaise, on a cru pouvoir en trouver le motif, sinon dans une antipathie personnelle de M. Lloyd George pour la Pologne et les Polonais, du moins dans cette opinion que la Pologne étant un pays faible, placé entre une Allemagne hostile et une Russie inamicale, la défense d'un pareil Etat constituerait probablement un fardeau pour les signataires du Traité et que, moins il y aurait de territoires contestés confiés au nouvel Etat, moins l'Angleterre aurait de responsabilités à endosser. Quoiqu'il en fut, dans la question des frontières prussiennes, les Puissances après avoir adopté les cartes ethnographiques Allemandes qui présentent une impartialité admise même par les Polonais, prirent des décisions successives : tout d'abord, point de plébiscites ; puis unanimité entre les Alliés pour donner la Silésie à la Pologne, et c'est le point de vue adopté le 5 mai 1919. Mais à la réflexion. M. Lloyd

George se ravise : il réclame des plébiscites non seulement pour le district d'Allenstein, mais aussi pour la Silésie. La France alors intervient et obtient pour cette province la création du gouvernement interallié qui, pendant deux années, mit de l'ordre dans l'Administration et permit aux votants d'exprimer librement leur volonté. Ce que furent les plébiscites, on se le rappelle : défavorable pour Allenstein aux Polonais, favorable dans la Silésie supérieure. Et ici, surgit encore une difficulté : l'Angleterre estima qu'au total la majorité des voix n'ayant pas été acquises aux Polonais, ils se trouvaient démunis de tous droits, même sur les districts où les Allemands étaient mis en minorité. Une fois de plus, la France dut intervenir et obtint que la lettre comme l'esprit des arrangement réglant le plébiscite fut respectée.

En Posnanie, les Polonais, profitant du désarroi qui régnait en novembre 1918, avaient mis les futurs négociateurs en face du fait accompli, sachant bien que lorsqu'on a une créance à faire valoir vis-à-vis des Allemands, il est prudent de se servir soi-même.

Pour ce qui est des frontières maritimes du nouvel Etat, les partisans les moins chaleureux de la Pologne lui reconnaissaient le droit de posséder un débouché sur la Baltique : c'était l'un des points du programme du Président Wilson, on l'a vu plus haut, et il semblait naturel que la Basse Vistule et Dantzig qui, l'une et l'autre, avaient fait partie de la Pologne d'autrefois dussent constituer le débouché maritime indispensable à un

Etat de vingt-cinq millions d'âmes ? La combinaison qui aboutit à la création d'une Ville Libre, paraît devoir à l'usage amener bien des difficultés entre la Pologne et la dite ville libre où domine l'élément allemand. En résumé : trois fois amendé au cours des négociations de Paris, chaque fois au détriment du nouvel Etat et sur l'initiative de l'Angleterre, le réglement germano-polonais fut incorporé au Traité de Versailles : il obligeait l'Allemagne à céder à la Pologne trois fois le territoire et une fois et demie la population de l'Alsace-Lorraine.

Au nombre des habitants cédés, se trouvaient, du moins d'après les recensements Allemands, environ 1.800.000 Polonais et un million d'Allemands soit une proportion de 9 à 5. Plus grande que la Grande-Bretagne ou l'Italie, formant l'équivalent des trois quarts de la France, la Pologne devient aussi bien par sa superficie que par sa population, le sixième des Etats de l'Europe.

*
* *

Et une fois créée dans les conditions qui viennent d'être rappelées, quelle politique extérieure pouvait devoir suivre le nouvel état. Tout d'abord quels rapports allait-il entretenir avec l'Allemagne ? On connaît trop les raisons qui, sur les sentiments, devaient exercer leur influence inévitable : d'un côté, mépris des anciens dominateurs pour les sujets qui échappaient à leur emprise, regrets cuisants d'avoir perdu plusieurs millions

de ces sujets et aussi des provinces prospères grâce
à ces derniers, aspirations pas toujours secrètes à
récupérer les hommes et les biens. De l'autre côté,
souvenir toujours vivant des mortelles injustices
subies pendant plus d'un siècle et des abus de la
force, surtout dans les dernières années, éclatants.
Malgré tout, on déclare à Varsovie qu'il faut vivre
si possible en bons voisins : le langage de la raison se fait entendre, lequel ne répond pas aux impulsions du cœur. Mais il y a une pierre d'achop-
pement : le charbon de Silésie ; ce produit est
absolument indispensable à la vie de la Pologne,
il est, sinon indispensable, du moins fort utile à
celle de l'Allemagne ; d'où une pensée constante
fixée de part et d'autre sur le même point sensible. Et c'est bien dans la nécessité impérieuse de
défendre un bien inestimable qu'il faut voir la décision prise sur les bords de la Vistule, de porter
à trois ans la durée du service militaire.

Du côté Allemand également, il y a la question
de cette Prusse Orientale qui, séparée du Reich
par un couloir de 60 kilomètres de large, est un
foyer de nationalisme effervescent. Pays de grands
domaines, cette province est le quartier général
des « Junkers » avec leur esprit batailleur, rancu-
nier, agressif : leur situation sera-t-elle maintenue
longtemps encore telle qu'elle se présente aujour-
d'hui, ou le temps est-il proche où les propriétés
de 10.000 hectares et plus ne seront plus tolérées ?
Question qui, par sa répercussion sur l'état social du pays et les conditions dans lesquelles il
développera, intéresse à un haut degré l'avenir des

relations germano-polonaises. Il y a aussi la situation de Dantzig. Fatalement, cette ville, par l'effet du mouvement commercial qui en est la raison d'être, perdra de son caractère germain pour se fortifier d'éléments purement polonais. Mais la transformation ne se fera pas en un jour et en atendant, on sent de quel poids pèse dans la balance l'esprit d'un commissaire, représentant la Société des Nations, tel que l'Agent britannique qui remplit aujourd'hui ces fonctions...

Avec les Républiques Baltes, les rapports de la Pologne ont en somme un caractère courtois, pacifique. La Lithuanie certainement est absolument allemande de sentiments, mais les Polonais, en en convenant, ne s'en émeuvent pas autrement : des rapports commerciaux, disent-ils, doivent fatalement exister entre Russie et Allemagne ; les Etats Baltes forment une voie toute naturelle pour les échanges qui sont le gage d'une paix durable. Certes, ajoute-t-on, il est regrettable que la loi du nombre n'ait pas permis à la Pologne d'acquérir des territoires adjacents à la mer, mais par une fatalité historique, au lieu de pousser vers la Baltique, les Jagellons ont travaillé à une concentration de leurs forces vives vers Kiew, et les conséquences de cette manœuvre se font aujourd'hui sentir.

Du côté Russe, les mêmes sentiments réciproques que du côté Allemand, couvent au fond de tous les cœurs. On envisage d'ailleurs pour un avenir plus ou moins immédiat, l'établissement de relations commerciales actives entre les deux

Etats. Par l'article 22 du traité de Riga, la Pologne et la Russie soviétique se sont mutuellement assuré le libre transit à destination des tiers pays à travers leurs territoires respectifs ; les modalités de ce transit devaient être réglées par un accord ultérieur. Personne n'avait jamais envisagé l'élaboration de cet accord lorsque récemment M. Kopp, délégué du Commissariat du Peuple aux Affaires étrangères, vint en Pologne avec la mission d'étudier et la règlementation du transit à travers ce pays et sur quelles bases un accord commercial pourrait intervenir et comment serait payée la somme de 30 millions de roubles or dûs à la Pologne comme représentant sa participation au trésor de l'ex-Empire, et enfin comment serait effectué l'échange des ressortissants avec prise en considération des prêtres figurant sur la liste polonaise. Les pourparlers traînèrent en longueur sans aboutir, par la faute du représentant des Soviets et non par celle des Polonais, qui sont toujours prêts à favoriser le transit et à entretenir des relations de bon voisinage, mais à la condition que les questions, telles que le paiement de leur dû, le rapatriement des biens industriels et ecclésiastiques, des archives, dérivant du traité de Riga soient enfin réglées.

Au surplus, la situation dans laquelle se débat l'ancien Empire des Tzars semble une garantie de paix et contre une agression qui, pour le moment, ne semble pas à craindre, on a l'alliance de la Roumanie ; cette alliance militaire est ouvertement proclamée et est aussi avantageuse à celle-ci qu'à la Pologne ; puisque si, avec cette dernière la frontière commune est reconnue par les Soviets, ceux-ci déclarent ignorer le Traité de Versailles et par suite la restitution à la Roumanie de la Bessarabie. Si, de Varsovie, on cherche par delà le Danube, à suivre les affaires de Turquie, on y porte des pensées sympathiques : entre la République de Pologne et le Grand Turc, les relations au XVIII° siècle n'ont-elles pas été empreintes d'un caractère amical ? Entre la Hongrie et sa voisine, il n'y a jamais eu aucune friction. N'est-ce pas en effet du côté Sud seulement que la Pologne trouve une véritable frontière naturelle ? Et voilà pourquoi le gouvernement de Varsovie ne s'est point associé et ne pouvait s'associer à la Petite-Entente ; celle-ci à l'origine, dans l'esprit comme dans la lettre des accords intervenus, visait avant tout et sans ambages, la Hongrie ; par ailleurs la nouvelle République à plusieurs reprises, s'inspirant des circonstances, n'a pas hésité à adhérer à l'attitude de ses voisins. Du côté de la Tchéco-Slovaquie, la politique d'intérêt seule fait entendre sa voix, c'est dire que l'on envisage comme possible une entente éventuelle contre l'Allemagne si un jour elle devenait nécessaire ; mais la sympathie est exclue, tout d'abord par l'inclination qui porte les dirigeants de Prague, non pas seulement vers la Russie elle-même, mais même vers la Russie des Soviets, et puis aussi par le souvenir des incidents pénibles qui ont marqué la fixation des frontières entre les deux Etats. Il y a aussi les divergences de vue qu'engendrent le

Catholicisme fervent des Polonais d'une part, et de l'autre, l'esprit fortement imprégné de positivisme des hommes politiques Tchèques : M. Massaryk ne cherche-t-il pas à faire de Jean Huss un héros National, tâche à laquelle on peut se demander s'il réussira. Néanmoins, les rapports sont parfaitement courtois entre voisins et, sur le terrain des intérêts, les hommes d'Etat des deux pays font montre du plus large esprit de conciliation.

Pour clore le cycle des relations diplomatiques de la Pologne, notons que, pour ce qui est des rapports de ce pays avec le Saint-Siège, ils sont dominés par la Constitution qui reconnaît la religion catholique, non comme le réclamait la Droite du Clan, comme religion d'Etat, mais simplement comme religion de la majorité des Polonais. Une légation de Pologne fut instituée à Rome, de même qu'un nonce se rendit à Varsovie. Mais, bientôt, à l'occasion du plébiscite de Haute-Silésie, de sérieuses difficultés surgissaient entre Rome et Varsovie. Le Prince Evêque de Breslau prit une ordonnance portant que les ecclésiastiques ne devaient pas s'occuper de politique sans l'autorisation de leurs supérieurs. Or, ceux-ci presqu'en majorité, étaient Allemands, tandis que petits curés et vicaires étaient Polonais : on en pouvait déduire quelle serait l'attitude des uns et des autres. Une discussion s'ensuivit à la suite de laquelle, de part et d'autre, les Ministres furent rappelés. Aujourd'hui l'entente est rétablie.

*
* *

Si l'on cherche à se rendre compte des résultats qu'à donnés en quatre années l'œuvre de relèvement économique du pays, il faut reconnaître que ces résultats sont inattendus, immédiats, surprenants.

Commençons par l'agriculture : la presque totalité des terres cultivées en 1914 a été remise en exploitation, l'effectif du bétail est presque celui d'avant-guerre, c'est-à-dire de 7.894.000 têtes de bétail, de 3.200.000 de chevaux, de 2.000.000 de moutons, et pourtant les occupants avaient enlevé 1.600.000 bœufs et vaches, 1 million de chevaux, 800.000 moutons. La production du sucre n'a pas encore atteint son taux élevé d'avant-guerre : antérieurement à 1914, le territoire actuel de la République Polonaise comprenait 88 sucreries produisant 556.980 tonnes de sucre blanc. Pour la campagne 1922-1923, 71 sucreries ont donné 268 mille 347 tonnes dont près de 100.000 tonnes ont pris le chemin de l'étranger, France et Angleterre. Pour les céréales, la recette de l'agriculture polonaise en 1921 a été de 51 millions de quintaux de seigle, 11 millions de blé, 13 millions d'orge, 37 millions d'avoine, 334 millions de pommes de terre et de 27 millions de betteraves : ces masses de produits sont non seulement suffisantes pour nourrir la population, mais encore elles ont donné des éléments d'exportation atteignant, pour le seigle et le blé, 8 millions de quintaux, pour l'orge et l'avoine, 7 millions, et pour les pommes de terre, 23 millions.

L'industrie du bois a l'importance que comporte l'existence de 9 millions d'hectares de forêts et l'exploitation de bois de toutes essences donne lieu à d'intéressantes transactions tant en bois bruts qu'en produits de toute nature : depuis la guerre, la mise en œuvre de la résine et de ses dérivés fait de grands progrès.

Quant à la houille, elle constitue pour la Pologne une richesse sans prix : lorsque la Haute Silésie, en suite du plébiscite qui déjoua bien des calculs, se trouva placée sous la domination Polonaise, celle-ci mise en possession des charbonnages domaniaux prussiens, trouva opportun, pour se procurer le fond de roulement nécessaire, de s'associer avec des éléments français et un Consortium fut créé dans lequel le gouvernement local entra pour une moitié et, pour l'autre, une association dans laquelle figurent les éléments français tels que : le Comité des Houillères de France, le Comité des Forges et la Banque de Paris et des Pays-Bas. Le Président actuel de ce vaste et important organisme (l'extraction pour l'année 1922 s'est élevée à 15 millions de tonnes) est M. Korfanty : l'année prochaine, ce président sera un français. Le total de l'extraction du charbon s'est élevé l'an passé à 35 millions, presque ce que produisait la France avant 1914.

Pour ce qui est de l'industrie pétrolière, elle est en pleine activité : la production a atteint pour 1922, 824.498 tonnes, en légère augmentation sur l'année précédente. Un effort sérieux a été fait par les Raffineries qui ont investi dans des travaux de forage tous leurs bénéfices et ont réussi à intéresser à leurs entreprises des capitaux étrangers dont les prêteurs ont sans doute tenu compte de ce fait que 11 % seulement des terrains pétrolifères reconnus sont exploités. La consommation intérieure est à peu près égale à l'exportation. Parmi les étrangers qui ont investi des capitaux dans cette industrie, les français tiennent un rang élevé : si en effet on se réfère à la composition du « Comité des Pétroles Français en Pologne», association qui a pour objet, et l'étude de toutes les questions d'intérêt commun entre les adhérents, et la défense de ces mêmes intérêts auprès des administrations tant polonaises que françaises, dix-huit sociétés sont affiliées audit groupement ; elles représentent plus de six cent cinquante millions de francs. Cette situation ne pouvait laisser indifférent le gouvernement français, et, dans le courant de l'hiver dernier, notre Parlement a été appelé à ratifier une convention passée entre la France et la Pologne et ayant pour but de développer en harmonie avec leur politique générale une étroite coopération dans le domaine du pétrole. « Il ne s'agit pas, écrivait le rapporteur, M. Raynaldy, d'une participation directe de l'Etat français, mais simplement d'une collaboration par l'entremise des sociétés françaises établies en Pologne auxquelles le Gouvernement Polonais consent, en échange de leur apport en techniciens et en capitaux, des avantages sur les autres sociétés établies en Pologne ». Il ful entendu, au moment du vote, que seront seules inscrites sur la liste remise par la France à la Pologne en vue de bénéficier des avantages stipulés, les sociétés donnant toute garantie en ce qui concerne la nationalité des capitaux, du Conseil d'administration et du Directeur et ayant pris certains engagements au point de vue du ravitaillement de la France.

Depuis la guerre, la Pologne a reconstruit 7.500 ponts d'une longueur totale de trente deux kilomètres, dont 249 d'une largeur de plus de vingt mètres, 93 gares, plus de 3.000 bâtiments divers, 47 dépôts de locomotives, 350 stations d'alimentation d'eau, 9 ateliers de réparation du matériel roulant. Nous ne parlons pas des signaux, lignes ou appareils télégraphiques ou téléphoniques qu'il a fallu remplacer. L'état des voies et du matériel roulant ne laissait que trop à désirer, les Russes ayant détruit ou évacué tout ce qu'ils pouvaient et les Allemands n'utilisant que du vieux matériel sur le réseau polonais. Les voies ont été refaites en dépit de l'invasion bolcheviste et à l'heure actuelle, la Pologne dispose, grâce tant à la répartition allemande et autrichienne qu'à des commandes faites en Amérique, de 112.000 wagons de marchandises de types divers, 10.928 voitures et 4.840 locomotives. Le nombre disponible des voitures ne couvre que 80 % et celui des wagons 60 % des besoins du transport. Il existe en Pologne cinq fabriques de wagons et trois de locomotives qui travaillent aux réparations et à la fabrication du matériel roulant neuf ; leur production s'affirmera dès 1924.

Bien que la Pologne possède 16.600 kilomètres de voies ferrées, réparties de façon uniforme, la situation et l'étendue de ce réseau ne peut suffire à un pays possédant de riches gisements de houille et de minerai, une production agricole considérable, d'immenses forêts à exploiter, un pays servant de passage aux voies les plus courtes et les plus commodes allant d'Occident en Orient. Mais bien des travaux sont nécessaires pour unifier le réseau polonais, c'est-à-dire pour créer la liaison entre la Pologne du Congrès et la Posnanie par exemple, alors que sous l'ancien régime les lignes ferrées se menaçaient des deux côtés de la frontière.

Dans une interview donnée récemment, Jules Ehrardt, Sous-Secrétaire d'Etat aux Chemins de Fer, indiquait qu'un programme avait été élaboré qui comporte 5.000 kilomètres en chiffres ronds, prévoyant une ligne Kutno-Strazalkowo, racourcissant de 80 kilomètres la ligne de Varsovie-Poznan, la ligne de Hel sur la Baltique, la ligne de Lods-Plock sur la Vistule, divers tronçons en Silésie polonaise nécessités par le tracé de la nouvelle frontière. L'initiative privée est d'ailleurs sollicitée, vu la situation du Trésor, de construire et d'exploiter ces voies ferrées : c'est ainsi que les capitalistes polonais et étrangers recherchent en ce moment la concession de lignes de Dombrowa à

Varsovie, de Poznan et de Gdansk avec la Silésie, comptant sur le trafic de la houille pour rémunérer leurs efforts. La construction de nouvelles voies ferrées intéresse d'ailleurs au plus haut point les industries minières et pétrolifères, la capacité de production des mines polonaises étant supérieure au chiffre actuel d'extraction. La Pologne a signé des conventions ferroviaires de longue durée avec la Roumanie et la Tchéco-Slovaquie, provisoires avec la Russie, la Lettonié et l'Allemagne.

*
* *

Si la situation précaire des voisins orientaux de la nouvelle République ainsi que la clôture des marchés importants qui s'amorçaient au Caucase pour se prolonger vers l'Extrême-Orient par la Perse et la Sibérie, sont une gêne pour le commerce extérieur de la Pologne, on doit cependant constater que pour les dix premiers mois de 1923, la balance des importations et des exportations se soldait par un actif de plus de 100 millions or en faveur de celles-ci : on peut se demander quelles perspectives s'ouvriront devant la Pologne, le jour où l'Europe aura retrouvé son équilibre économique et les transactions leur cours normal ?

Pour ce qui est de la crise dont souffre actuellelement le pays, on est en droit d'affirmer qu'elle est d'origine purement financière. Elle s'est accentuée pendant les deux dernières années, la chute rapide du mark polonais traduisant le désordre des finances publiques et l'affaiblissement graduel du crédit de l'Etat. Le mark est passé du cours de 601 pour un franc-or en janvier 1922 à celui de 5.000 en janvier 1923, atteignant le chiffre impressionnant de 1.220.000 le 1er janvier 1924. Une situation politique instable et les luttes de partis ont trop longtemps rendu stériles les efforts tentés pour remédier à ces maux. Un plan d'ensemble semblait aussi manquer et le choix n'était pas fait entre la méthode autrichienne qui suppose le rétablissement de l'équilibre budgétaire précédant la réforme monétaire et l'autre méthode, plus hardie, qui prétend poursuivre en même temps les deux objectifs. L'imminence du péril a heureusement réalisé l'union autour d'un gouvernement énergique et permis l'accord sur un programme précis.

Pour l'exécution de ce programme, non seulement aucune opposition parlementaire ne s'est manifestée, mais au début de l'année 1924, le ministre des Finances, M. Grabski, recevait du Corps législatif les pleins pouvoirs permettant au Président de la République de prendre toutes les mesures nécessaires pour exécuter la réforme financière par voie de décrets. D'autre part, en introduisant la perception de toutes les recettes de l'Etat en monnaie de compte, c'est-à-dire francs-or, en augmentant les impôts ordinaires et en créant l'impôt extraordinaire sur la fortune, le ministre des Finances polonais réalisa très rapidement l'équilibre budgétaire, de sorte qu'aussitôt les dépenses de l'Etat polonais furent couvertes par les ressources régulières. En même temps, à dater du 1er février 1924, a été arrêtée complètement et définitivement l'impression des marks polonais à titre des avances à l'Etat, de sorte que la source du mal, c'est-à-dire l'inflation, fut par cette mesure virtuellement supprimée.

Une banque d'émission dont les statuts sont modelés sur ceux de la Banque de France, a été mise sur pied et la souscription aux actions de cet établissement fut un grand succès. Faisant preuve d'un grand patriotisme fiscal toutes les couches de la population participèrent activement à la souscription, de telle sorte que l'Etat polonais, qui se réservait 40 % des actions dans cette banque, a dû se contenter de 8 % seulement de ses actions. A dater du 28 avril, la Banque d'émission de Pologne, dont le capital est de 100 millions de francs et la capacité effective initiale d'émission, basée sur les disponibilités courantes, est d'un milliard de francs-or, commença à fonctionner. Il est bien entendu que le cours du dollar exprimé en zlotys, c'est-à-dire en unités équivalant aux francs français, se maintient au pair, c'est-à-dire est égal à 5,18. On a établi un rapport légal entre le zloty et le mark polonais, qui est de 1.800.000 marks pour 1 zloty, et le mark polonais a cessé, à partir du 30 juin 1924, d'être le moyen légal du paiement. Il est échangé par les caisses publiques polonaises contre le zloty, conformément au rapport précité de 1.800.000, jusqu'au 31 mai 1925.

Ajoutez à cela que la balance commerciale de la

Pologne devint active en 1923, représentant pour les exportaions 3.600.000 de francs et que la balance des paiements par suite des transferts des émigrés étant équilibrée, le change polonais se stabilisa, étant depuis quatre mois sans changement par rapport au dollar.

Pour la réalisation d'une tâche aussi ardue, quelle aide la Pologne a-t-elle reçu de l'étranger ?

L'emprunt de 400 millions de francs que la France a consenti à la Pologne vers la fin de 1923, ainsi que la réalisation d'un emprunt polonais en Italie de 400 millions de lire, qui fut couvert cinq fois, complétèrent les conditions dans lesquelles pouvait être introduite avec toutes les chances de réussite la nouvelle monnaie polonaise, zloty polonais, égal au pair, il faut le répéter, au franc-or.

Si tout a été combiné de la manière la plus heureuse pour arriver le plus sûrement possible à l'assainissement financier du pays, il faut cependant noter quelques ombres au tableau : le sort de toute la réforme n'est pas encore joué : de grosses surprises peuvent être réservées par l'application de l'impôt sur le capital dont un terme vient prochainement à échéance. Des difficultés de perception s'annoncent déjà certaines, surtout en ce qui concerne les grands domaines agricoles. Les propriétaires fonciers sont dans l'impossibilité de trouver du crédit et l'Etat en est réduit à prévoir non la perception de l'impôt foncier, mais la vente de parcelles dans les conditions que l'on peut imaginer. En outre, l'aggravation forcément brusque de la fiscalité, la valorisation des crédits

en banque paraissent avoir déjà eu leur répercussion sur une situation économique très saine par
ailleurs ; la hausse des prix qui tend à se manifester et qui pèse sur le prix de revient de toutes
choses, fait redouter une crise de chômage et
explique le pessimisme de certains milieux, sans
le justifier cependant parce qu'aujourd'hui du
moins l'or est en accroissement à la Banque de
Pologne, le nombre des sans-travail est en décroissance dans l'industrie textile, la métallurgie voit
les commandes se multiplier et le traité de commerce avec la Tchéco-Slovaquie ouvrir d'heureuses perspectives. Le déficit du budget a par
ailleurs été moindre pour 1924 que l'année précédente et l'on escompte pour l'exercice courant
un équilibre budgétaire qui ferait date.

Que dire enfin de l'armée que s'est constituée la
Pologne ? Cette armée, elle a vu le jour en France.
Le Comité polonais composé de patriotes qui
avaient réussi à quitter leur pays avant la tourmente est reconnu à Paris par les Alliés : avec sa
collaboration et sous la direction du général
Archinard, un des illustres vétérans de nos guerres coloniales, se constitue sur notre territoire une
armée polonaise dont le noyau est formé par les
volontaires accourus d'Amérique à l'appel du
grand patriote Paderewski et par les Posnaniens
ayant déserté les drapeaux de l'Allemagne. Ce fut
une journée historique que celle où, entre Reims

et Châlons, à quelques kilomètres de la ligne de
feu, au son du canon, sous le vol des avions, un
prêtre polonais recueillait le serment de fidélité
des troupes et où le général Gouraud leur remet-
tait les drapeaux amaranthe à l'aigle blanche
offerts par les villes de Verdun, de Nancy et de
Belfort. Peu de semaines après, le général Haller
échappait aux Bolchevicks et désormais l'armée
polonaise avait sa place marquée dans l'action :
elle prenait une part active à la grande offensive.
De par l'armistice, une partie du territoire polonais est évacué par les Impériaux. Mais le grand
duché de **Posen** ? Il se libère lui-même : dans les
rues de sa capitale, des enfants, des femmes, dé-
sarment les soldats hébétés de Hindenburg, tandis
qu'à Varsovie un gouvernement provisoire se
formait sous la présidence du commandant Pildzuski. Cette armée qui avait reçu le baptême du
feu, elle ne pouvait gagner sa patrie par mer,
mais elle traversait toute l'Allemagne comman-
dée par deux mille officiers français. Qui donc
encore était aux côtés des Polonais au courant de
cet été de 1920 où le danger d'être annihilés se
montre si pressant par suite de l'attitude des Alliés et en particulier du Cabinet de Londres qui,
à Varssovie, conseillait toutes les concessions,
disons mieux toutes les capitulations ? Le gouvernement français n'hésite pas à remplir inté-
gralement ses engagements et à donner à l'œuvre de défense, mal engagée, mais non compromise, tout le concours possible : la loyale attitude
de M. Millerand à l'égard de la Pologne, à une

heure où l'Europe semblait abandonner une nation qu'on pouvait croire vaincue, reçut du des-
tin sa récompense. On sait ce que fut la mission
du général Weygand et quels en furent les résultats.

*
* *

On en a assez dit pour avoir démontré de quels
éléments de vie, de prospérité et de force dispose
la Pologne nouvelle. Ne peut-on en conclure
qu'elle constitue une force conservatrice de l'état
de choses créé par la guerre et qu'y laisser toucher serait une faute qu'un jour nous pourrions
payer très cher. Les actes passés entre Paris et
Varsovie indiquent bien au surplus que le gouvernement français, dans une claire vision des
choses, a pris toutes les précautions nécessaires
pour sauvegarder l'avenir. Il nous a bien fallu
constater plus haut que sa situation géographique expose le nouvel Etat aux attaques de ses voisins tant de l'Est que de l'Ouest, il en a été ainsi
pendant des siècles. Et à qui s'imaginerait qu'il
en irait différemment dans la suite des temps,
le traité de Rapallo est venu donner un avertissement dont il est difficile de méconnaître la valeur.

Et avec l'élection d'Hindenbourg, le péril allemand a pris une allure comminatoire. De la Baltique à l'Adriatique, il s'attaque au mur qu'a
élevé la victoire et vise chacune des créations des
alliés : à la Pologne, il ne dissimule même pas
ses intentions sur le « corridor » et sur les charbons de Silésie. La frange montagneuse qui va de

Cheb à Libéré doit être enlevée à la Tchéco-Slovaquie. L'Autriche abdiquera son indépendance au bénéfice du Reich et aussitôt cette opération effectuée, on poussera sur Trieste.

Quel effet a produit cette recrudescence du pangermanisme ? Tout d'abord la Pologne et la Tchéco-Slovaquie se sont réconciliées et marchent la main dans la main ; et en même temps, la Pologne s'est étroitement rapprochée à la Yougo-Slavie. Cette double constatation permet de dire que si la Pologne ne croit pas nécessaire de demander formellement son admission dans la Petite Entente, elle en partage absolument les vues et le cas échéant, en seconderait l'action comme elle le fit lors de l'incartade de Charles. Dans ces conditions, une adhésion formelle au groupement précité ne peut être qu'une affaire de temps, d'opportunité et suivra un jour l'alliance dont on parle tout haut entre l'Etat Yougo-Slave et la Grèce. Et pour le moment, tandis que l'Entente tout court a bien de la peine à revenir à la logique de la **guerre, il y a aujourd'hui**, de la Baltique à l'Egée, comme un courant de solidarité internationale : de nouveaux liens se nouent entre Polonais et Tchèques, Polonais et Yougo-Slaves, Yougo-Slaves et Grecs enfin...

La pierre angulaire de cet édifice qu'est la nouvelle Europe centrale n'en reste pas moins la Pologne : à sa sauvegarde, il faut que nous veillions jalousement : de cette vérité d'autres ont comme nous conscience et sentent que de l'existence de la Pologne dépend la leur propre. On a très vite marché en Pologne en ce qui concerne la création des organes vitaux indispensables à la vie d'un corps nouveau : il convient que par la consolidation de ce qui a été fait, soit atteinte cette perfection que seule donnent le temps et la valeur. Entre la Pologne et la France il y a comme un courant électrique, un échange de sympathies que tout doit contribuer à entretenir : missions polonaises d'études économiques en France, missions françaises en Pologne telles que celles des Agriculteurs de France en juin 1924 et encore cette année-ci, sans parler, auparavant, de celle du Maréchal Foch. La défense commune d'intérêts vitaux d'une part, de l'autre une inclination née d'aspirations identiques et une conception des choses émanant d'une éducation latine, comme aussi, on peut bien le dire, d'une certaine analogie dans les défauts, tout nous unit, rien ne nous sépare.

Mai 1925.

CHAPITRE VI

EN ALLEMAGNE IL Y A TRENTE ANS (1)

I

A POTSDAM

Il y a quarante et un ans, un apprenti diplomate débarquait à Berlin et se plaçait sans retard sous les ordres du plus indulgent des chefs, M. de Gontaut-Biron, à qui, soit dit en passant, doit rester acquise la reconnaissance des Français pour les services éminents qu'il rendit à son pays dans les plus difficiles circonstances. L'ambassadeur ayant accordé quelques jours de liberté au débutant pour lui permettre d'explorer, superficiellement au moins, et Berlin et ses environs, le nouveau venu, sur les conseils qui lui furent donnés, se rendit à Potsdam. Sorti depuis quelques années à peine d'un des régiments de cuirassiers qui s'étaient illustrés à Reichshoffen, tout rempli des souvenirs de la guerre de 70-71, je ressens

(1) Conférence donnée le 20 mai 1915 à la Société d'Histoire Générale.

encore de cette visite — et vous me permettrez de rompre l'incognito — la plus douloureuse impression : en pénétrant dans l'église dite de la garnison, je considérais longuement, suspendus tout autour de la nef, les trop nombreux drapeaux conquis sur nos légions aussi braves que malheureuses. Mon rêve est de retourner visiter l'église, mais veuve de ses précieux trophées, mon regret — de n'avoir pas été de ceux qui, par leur vaillance, ont rendu possible la clause du traité de Versailles qui libère nos étendards.

Dans quel état d'esprit, vingt ans après, je fus amené à retourner à Potsdam, je vous laisse à penser. Chaque année, au début de l'été, avait lieu, dans la résidence royale, une revue destinée à clore la période première de l'instruction des jeunes soldats incorporés l'hiver précédent. Comme pour les bals de Cour, on s'arrachait les billets et, par ailleurs, le spectacle valait bien le déplacement. Guillaume II, entouré de tous les grands chefs de son armée, tous revêtus de superbes uniformes de parade, présidait la solennité à laquelle ne manquait ni l'immensité du cadre, ni le nombre et la qualité des protagonistes. Le souverain ne négligeait pas l'occasion de prononcer un grand discours et je me souviens du bruit que fit certaine harangue dans laquelle, brandissant son tonnerre contre le socialisme, il prévenait ses recrues qu'elles auraient à tirer contre tous les ennemis de sa personne souveraine et qu'elles devaient s'attendre — qui sait ? — à voir tomber devant elles ou père ou mère.

La journée se terminait par une visite à Sans-Souci où l'admiration générale se portait sur les miracles de l'art français du xviii° siècle, dans les jardins sur les œuvres de Lemoine ou des frères Adam, dans le château sur les productions de Watteau et, en particulier, sur le chef-d'œuvre des chefs-d'œuvre : l'*Embarquement pour C; thère.*

Guillaume II pratiquait à Postdam une hospitalité restreinte. Des réunions peu nombreuses, tel paraissait être le mot d'ordre. Un soir, les hôtes étaient des Français : lors de la célébration de son centenaire, notre Institut avait fait imprimer un in-folio relatant son histoire depuis sa fondation ; des membres de l'illustre Compagnie furent chargés de porter des exemplaires richement reliés de l'ouvrage à chacun des souverains de l'Europe. Le Français très distingué, l'un de nos collègues, ici présent, le comte de Franqueville, qui reçut mandat pour Berlin, fut convié, le jour même de son arrivée dans cette capitale, à un dîner à Potsdam avec le chargé d'affaires de France. Guillaume II, dans l'intimité, affectait des allures de châtelain anglais : ce jour-là, il portait un bonnet de hussard, tenait un court stick à la main. Après le repas, il nous montra la table où, chaque soir, il dessinait — des sujets de marine : n'avait-il pas dit et répété : Notre avenir est sur la mer, — tandis que l'impératrice et ses dames d'honneur se livraient à des ouvrages divers, chacune d'elles à tour de rôle lisant à haute voix des romans anglais ou français. Jean de la Brète, Tinseau étaient fort appréciés ; à mes indications, René Bazin dût une vogue qui, à la Cour de Prusse, se prolongea vingt ans, sans doute jusqu'aux *Oberlé* exclus.

Guillaume II tint le dé de la conversation, plaça des mots d'argot (en l'honneur du membre de l'Institut sans doute), se montra renseigné à souhait sur certains points douloureux de notre existence nationale, la dépopulation et l'alcoolisme, se livrant à des comparaisons entre les deux pays peu flatteuses pour le nôtre, puis, pour compenser sans doute, se déclara enchanté de l'incident du jour : l'arrivée inopinée de Lyon de pièces de soie commandées deux ou trois ans auparavant d'après un coupon du xviii° siècle qui avait été retrouvé dans les combles. Il fallut aller déballer les caisses et, chacun se saisissant d'un flambeau, on escorta le monarque à travers le château dont les échos retentissaient des éclats de sa joie bruyante.

Hier, la révolution a fait maison nette à Potsdam.

Demain, nos poilus immortels auront ramené nos drapeaux trop longtemps exilés.

Honneur à eux !

Grâces au Ciel qui a permis une telle chose !

II

UN MARIAGE PRINCIER A BERLIN

A la Cour de Prusse, les mariages étaient entourés de tout un cérémonial méticuleusement réglé, et auquel Guillaume II s'était gardé de retrancher aucun des rites coutumiers. L'union de sa plus jeune sœur, Marguerite, avec le prince de Hesse fut l'événement de la saison 1893. Des époux, il n'y avait rien à dire, ni en bien, ni en mal ; il fallait aux courtisans une extrême bonne volonté pour trouver soit de la grâce à la mariée, soit une jolie prestance à l'époux. Quel que fût pour le souverain l'ennui qui l'oppresse à la fastidieuse répétition d'un cérémonial suranné, Guillaume II eût paru s'y associer avec satisfaction, avec entrain même, si au cours des longues pauses inévitables en pareille circonstance, un tic nerveux de la face ne fût venu révéler les impatiences cachées du « roi de Prusse, empereur allemand ».

Le théâtre de la cérémonie, c'est le « Château », le Château tout court, massive construction qui, par delà la promenade des Tilleuls et la Sprée une fois passée, se dresse sur une place encadrée non seulement par la demeure officielle des rois de Prusse, mais aussi par le musée de peinture, la cathédrale protestante et le monument à Guillaume I⁷. Le Château, c'est la suite des appartements où se déroulaient toutes les cérémonies qui constituent la vie de cour : fête des ordres, défilé des traînes, par lequel s'inaugurait, chaque année, la saison mondaine, bals officiels où des danseurs de cour, choisis chaque année au mois de janvier parmi les plus brillants officiers de la garde, réglaient les danses et dont la tâche était d'obliger les couples à observer un règlement quelque peu paradoxal, c'est-à-dire à ne pas valser à trois temps, et, en oubliant la vieille valse allemande, à pratiquer la valse viennoise. La Salle Blanche, hall immense, de belles proportions et d'une ornementation simple, où les souverains reçoivent leurs invités, était aussi affectée à la lecture des discours du trône.

La bénédiction nuptiale une fois donnée dans la Chapelle, en présence de la famille et seulement des plus hauts fonctionnaires de l'Etat, toute la liste officielle des invités, de ceux qui sont qualifiés de « Hoffæhig » (dignes de la Cour), est admise à présenter, en un long défilé, ses hommages et aux mariés et aux souverains. C'est d'abord, celle que les jeunes gens appellent irrespectueusement la « Camerera Major » et qui, à l'époque, portait un nom qu'aujourd'hui, à Paris, on prononce souvent : la comtesse Brockdorff, tante du premier plénipotentiaire allemand à Versailles.

C'est ensuite, sans nous attarder aux 350 Chambellans évoluant sous les ordres du Grand Maître des Cérémonies — la série des médiatisés. Puis c'est un Français, dont l'inaltérable bonne grâce, l'intelligence pétillante, le tact supérieur avec lequel il sut se tirer à son avantage de situations délicates, appelaient à lui toutes les sympathies, celles des étrangers comme celles des Allemands. C'est le propriétaire, en France, comme héritier du prince de Bénévent, d'un des plus beaux domaines de notre pays, et, en Allemagne, du chef de sa mère, princesse de Courlande, du splendide ensemble (dix mille hectares tout comme en France) de fermes, de pâturages, de bois, de moulins, de brasseries, de laiteries, situé en Silésie. M. le duc de Talleyrand-Valençay et Sagan, — car c'est de lui qu'il s'agit, consacrait une moitié de l'année à ses terres de France, l'autre à celles d'Allemagne. En France, il était maire de son village, en Prusse, membre de la Chambre des Seigneurs, mais s'il exerçait volontiers chez nous ses modestes fonctions, par contre, il ne prêta jamais serment à Berlin.

La duchesse, fille de ce soldat populaire entre tous qui fut le maréchal de Castellane, faisait avec la même bonne grâce les honneurs de sa demeure, qu'il lui plût de l'ouvrir sur les bords de la Sprée, ou bien dans le château de Sagan, où, avant de déposer les invités sur le perron, la voiture à quatre chevaux qui les avait amenés évoluait tout à l'aise dans la Cour d'honneur. Mme la duchesse de Sagan avait maintes fois mis une intelligence supérieure au service des intérêts français et sut se faire hautement apprécier par nos Représentants successifs dans ce poste ingrat entre tous qui avait nom Berlin. Et sa mort survenue prématurément en 1895 toucha au cœur tous ceux qui avaient eu le grand honneur de l'approcher, le délicat plaisir de l'entendre, la précieuse satisfaction d'être approuvés par elle.

S. A. Mme la princesse Radziwill, également née Castellane, vécut plus de cinquante années à Berlin. Après avoir habité le Palais qui porte son nom et que voulut occuper le prince de Bismarck devenu chancelier de l'Empire, elle transféra ses pénates sur la Pariser-Platz, en face de l'ambassade de France : chaque soir, à partir de neuf heures, elle y attendait des invités qui se pressaient toujours nombreux autour d'elle. Pas un étranger, homme politique, diplomate, littérateur, poète, philosophe, ne traversait Berlin sans rendre hommage à notre compatriote qui, à la ville comme à la Cour, devait une situation éminente moins à sa parenté avec la famille royale qu'aux qualités du cœur et de l'esprit par lesquelles elle se distinguait. Elle quitta la vie au plus fort de la tourmente que nous sentions s'apaiser, hantée sans doute par la vision des dangers que couraient tant de ses proches engagés dans la lutte et dans les partis les plus différents : l'un d'eux, notre collègue, ne fait-il pas en ce moment plus que son devoir en prolongeant, au bénéfice de nos amis Polonais, une ardeur que rien ne peut arrêter ?...

Ensuite, c'est le corps diplomatique dont le doyen, sir Edward Mallet, remplissait les hautes fonctions d'ambassadeur d'Angleterre, avec à la fois la plus sereine dignité et l'affabilité la plus communicative. L'ambassadeur de France est

M. Jules Herbette, de qui la très vive intelligence et le pétillant esprit n'ont pu être oubliés de ceux qu'a affligés sa fin prématurée.

Le général comte Lanza représentait le roi Humbert avec autant de finesse que de souplesse : à l'exemple des grands militaires du « Risorgimento », les Cialdini, les Menabrea, les La Marmora, il se montrait égal à lui-même aussi bien sur les champs de batailles que dans le tête-à-tête avec un Bismarck ou un Bülow ; le général réalisait ce problème de voir les grâces de son esprit aussi appréciées des femmes que le sérieux de sa conversation l'était des hommes. Le comte Schouwaloff mérite une mention toute spéciale : frère de ce diplomate que l'empereur Alexandre II adjoignit, lors du Congrès de Berlin, au chancelier Gortchakoff aussi affaibli physiquement qu'intellectuellement, il déployait un art véritable à séduire la Cour de Prusse ; il cachait sous des brusqueries de vieux militaire les roueries du courtisan le plus raffiné, et quoique dépourvu totalement de ces tendances germaniques par lesquelles trop longtemps se sont distingués les diplomates moscovites, il s'appliquait et réussissait à convaincre de sa sympathie pour eux, non seulement Guillaume II mais aussi les chefs des Etats secondaires auprès desquels il était accrédité. Ce quator synthétisait la diplomatie européenne sur les bords de la Sprée.

L'homme qui, par l'ordre des préséances, attirait l'attention, c'était le chancelier de l'Empire, général comte de Caprivi, le deuxième chancelier ; le successeur de M. de Bismarck avait été choisi par Guillaume II, à la. suite de sa brouille avec le fondateur de l'empire allemand, pour être l'exécuteur direct de ses volontés ; il était un excellent officier d'infanterie quand tout à coup, à sa propre stupéfaction, il fut choisi pour être ministre de la marine : il tint sur les fonts baptismaux les forces maritimes à peine écloses de l'Allemagne, à laquelle son parrainage fut loin de porter malheur. Transféré dans un office purement civil, il s'y distingua par la manière dont il défendit au Reichstag le traité de commerce par lui signé avec la Russie : se dressant en grand uniforme à la tribune, prenant un point d'appui sur son grand sabre de cavalerie, il jonglait littéralement avec les chiffres, réprimait sans se laisser démonter les interruptions des hobereaux qui, se prétendant sacrifiés par lui et trouvant que le blé ne se vend jamais assez cher, protestaient contre l'invasion des céréales russes ; il faisait triompher la thèse du gouvernement et, le lendemain, s'attaquait à une tout autre question. Après avoir défendu la cause de la paix qui devait se trouver singulièrement fortifiée par l'accord économique germano-russe, Caprivi était amené, en défendant un projet d'augmentation de l'armée, à envisager la lutte avec ses deux voisins, et à faire frémir ses auditeurs par l'évocation des dangers que leur ferait courir le coq gaulois conspirant avec l'ours moscovite : la guerre sur les deux fronts, ces mots constituaient le *leit motiv* des plaidoyers prononcés au nom de Guillaume II par son principal conseiller,

A côté du général de Caprivi, c'était ensuite le baron Marschall de Bieberstein, secrétaire d'Etat aux Affaires étrangères, qui n'allait pas tarder à occuper l'ambassade de Constantinople, et à y conquérir pacifiquement la Turquie à l'Allemagne par la mise à exécution de la grande pensée du règne, du chemin de fer de Bagdad : après ses succès sur les rives du Bosphore, il allait représenter, tâche délicate entre toutes, Guillaume II en Angleterre quand il fut terrassé par un mal subit ; il représentait l'action par l'effort industriel et commercial. Originaire de l'Allemagne du Sud, il n'avait rien du « Junker » prussien, trop souvent agressif, fréquemment hargneux, toujours disposé à recourir à la force pour résoudre les difficultés. L'aménité des manières de M. de Marschall formait un singulier contraste avec sa stature gigantesque.

L'élément militaire était représenté aux noces royales par le comte de Schlieffen, chef d'état-major général, le dépositaire de la doctrine de Moltke, qui, pendant vingt années ininterrompues, donna tous ses soins à la préparation de la guerre et a laissé le nom d'un organisateur.

Dans le clan des hommes politiques, un personnage qui n'appartenait au monde de la Cour ni par ses origines, ni par ses allures, appelait surtout l'attention : M. Miquel. Il avait débuté dans la vie en occupant une situation qui n'a pas d'équivalent chez nous, celle de bourgmestre. Pour gérer leurs affaires, les municipalités allemandes s'offrent le luxe d'un salarié qui commence par une petite ville, passe à un centre plus important, tel Francfort-sur-le-Mein, et ce fut le cas pour M. Miquel, qui « haussmanisa » cette dernière ville pour finir, modeste sémite d'origine portugaise, par être ministre du roi de Prusse et, démocrate de naissance, marcher de pair avec les représentants de la vieille et hautaine aristocratie prussienne. MM. Richter et Bamberger représentaient très dignement le Reichstag à la fête, sinon par l'aspect extérieur, du moins par le talent : le premier affectait une certaine ressemblance avec Gambetta et, sans avoir une grande action sur les débats en raison de ses opinions avancées, contribuait par son éloquence à en relever le niveau ; le second, révolutionnaire de 1848, s'était assagi après avoir vécu longtemps à Paris et y avoir acquis une belle fortune. Dans les intéressants mémoires qu'il publia avant sa mort, la France, ses hommes de lettres, ses artistes, occupaient une grande place et n'y étaient pas injustement traités ; il faut dire qu'un de ses frères se fit naturaliser Français et qu'une de ses sœurs épousa un Français. Mommsen ne craignait pas l'air de la Cour, où tous les regards étaient attirés par sa maigre figure toute rasée de laquelle émergeait un long nez pointu et que dominait une forêt de cheveux blancs. Sa conversation, dès qu'il rencontrait un Français, était fatalement amenée sur les soirées de Compiègne, sur ses relations avec le prince Jérôme, sur l'avenir de l'Europe et sa conclusion ne variait pas : l'Angleterre seule au monde menace la paix ; l'union de la France et de l'Allemagne assurera seule le repos des peuples ; ces deux nations unies domineront l'univers ; ennemies, elles subiront la loi ou de l'Anglais ou du Russe. Le grand savant voyait bien dans le passé, il ne lisait pas dans l'avenir...

Et ce furent Mommsen, Bamberger, Eulenburg, Marschall et les personnages cités ci-dessus et d'autres encore, qui, aux sons de la Marche aux flambeaux écrite par Meyerbeer trente années auparavant pour une circonstance identique, défilèrent, une torche allumée à la main, devant les nouveaux mariés et s'inclinèrent devant eux en signe de félicitation, tandis qu'au-dessus de leurs têtes s'étalaient des productions très raffinées de l'art français, des tapisseries de Beauvais narrant l'histoire de Don Quichotte.

Un souper plantureux termina la fête.

Vingt ans plus tard, le premier-né du prince et de la princesse de Hesse tombait en Galicie sous les balles russes, le second mourait en France. Quant au prince lui-même, il fut élu roi de Finlande. Où est sa couronne ?

Sic transit gloria mundi.

III

GUILLAUME II, AUTEUR DRAMATIQUE

L'anniversaire de la naissance de Guillaume Ier, le fondateur de l'Empire, fut célébré par une série de fêtes organisées par son petit-fils avec le souci qu'il apportait à la préparation de toute manifestation extérieure, surtout quand il s'agissait à la fois de magnifier les Hohenzollern, et d'abaisser la France.

Tout d'abord est inauguré un monument élevé à la mémoire du souverain défunt, près du château impérial ; une série de vastes arcades en hémicycle se terminent par deux arcs de triomphe eux-mêmes surmontés de quadriges et, au centre du demi-cercle décrit par la colonnade, se dresse, sur un piédestal élevé, la statue équestre du « Grand Empereur », dont le cheval est conduit par une Victoire. Et c'est la propre fille de l'artiste chargé de l'exécution du monument qui a posé pour la déesse. Aux quatre coins du monument, se tiennent des lions accroupis sur des trophées qui ne sont autre chose que des armes françaises, sabres, baïonnettes, fusils, canons, plus des étendards aux initiales de Napoléon, et même, anachronisme étrange, des drapeaux fleurdelisés avec la couronne royale, l'inscription « Montjoie », et la vieille devise : *Lilia non nent.*

Sur la voie conduisant au monument, avaient été, non plus à titre permanent, mais pour la circonstance, aménagés de vastes panneaux décoratifs : c'était, au centre, l'image de la reine Louise, à droite et à gauche, des scènes du retour de la guerre de 1870-71. En face, dressée entre deux mâts, une toile gigantesque représentant une scène allégorique : des soldats en costume du moyen âge mais coiffés de casques prussiens et bavarois, tuant ou mettant en fuite des adversaires dans le vêtement desquels dominait le rouge des uniformes français. A l'un des hommes à terre, on arrachait un drapeau aux couleurs tricolores. Sur un ciel de feu, un aigle noir déchirait les flancs d'un aigle fauve, renversé sous ses serres.

A l'inauguration du monument, furent invités tous les princes d'Allemagne, tous les hauts fonctionnaires de la capitale et de province ; on leur servit, pour les récompenser de leur déplacement, un régal artistique de haut goût.

Chacun sait que Guillaume II encourage l'art sous toutes ses formes ; il a composé naguère l'hymne à Ægyr, il a conseillé à Leoncavallo de travailler à une trilogie consacrée à l'histoire des Hohenzollern (la première partie fut exécutée à l'Opéra de Berlin et y subit une chute lamentable) ; il collabore avec Ernest de Wildenbruch, un bâtard de sa maison, à maint drame historique dont la trame est toujours tirée de l'histoire de la Prusse : ce fut à la même source que puisa le même dramaturge pour préparer, à l'occasion de l'anniversaire qu'il fallait célébrer, une spectacle de circonstance, un ballet historique. L'empe-

reur n'aida pas seulement le barde de l'épopée
des Hohenzollern de ses conseils : il présida aux
répétitions et toute la presse nota les remontrances
qu'il fit à l'artiste chargée de l'« Ame germanique » ; comme elle affectait une certaine gaieté,
le souverain lui fit un long discours pour lui prouver que l'âme germanique était profondément
sérieuse.

Les personnages de l'action, c'est d'abord « Lutetia », rôle de première danseuse, à qui primiti-
vement on avait donné le nom, par trop transparent, a-t-on remarqué, de Parisina ; ce rôle est
confié à une danseuse italienne de l'école de Milan
qui répond au nom de « Dell'Era » ; Imperator
est un personnage dans lequel on reconnaît alternativement Napoléon Ier et Napoléon III ; Willehalm c'est l'empereur Guillaume lui-même ; il y
a enfin « l'Ame germanique » déjà citée.

Il est véritablement pénible, tant en est misérable la trame, d'analyser le drame de M. de Wildenbruch ; il comporte une succession de scènes,
dans lesquelles on voit d'abord l'Imperator tenir
sa cour sur les bords du Rhin ; le trône entouré
de jeunes princes germains dont il veut faire des
Français ; puis la jeune et volupteuse Lutetia
danse un pas de quatre échevelé et perd une de
ses sandales ; le tyran oblige les princes germains
à en rattacher les cordons, et à baiser les pieds
de la courtisane. Enfin, « l'Ame germaine » et le
jeune et valeureux Willehalm s'emportant contre
un pareil abaissement, l'Imperator fait empri-
sonner un Germain dans le cachot des sorcières,

tandis que Willehalm s'échappe dans un but inconnu. Un chœur invisible chante : « Willehalm ! Willehalm ! » et à ce nom Imperator frissonne de terreur : tel est le premier acte.

Le second représente les Germains oubliant, dans les plaisirs de la table, les malheurs de leur patrie ; mais Willehalm, qui a atteint l'âge d'homme, survient à temps pour interrompre un dialogue qui se poursuivait entre le « Sage » et le « Violent »; l'un partisan de la crastination, l'autre de l'action, ce dernier figurant le prince de Bismarck. Grâce à l'entente de ce dernier avec le héros, leurs efforts amènent la chute d'un rocher énorme qui comblait le fossé séparant les Germains du Nord de ceux du Sud.

Le troisième acte représente l' « Imperator » présidant une orgie dans sa capitale et se souvenant tout à coup que « l'Ame germaine » gémit dans les fers ; le tyran la fait venir en sa présence, s'étonne de ce que, malgré les années écoulées, sa beauté subsiste aussi éclatante et, dans un accès de délire, la condamne à mort. A ce moment, survient Willehalm escorté des Allemands du Nord et du Sud réconciliés ; il provoque le moderne César en combat singulier, le tue, délivre l'Ame germaine qu'il ramène sur son blanc coursier en le tenant par la bride.

Au dernier acte, Willehalm, chargé d'ans et de gloire, a un suprême entretien avec « l'Ame » ; il reçoit d'elle l'assurance que l'Allemagne est heureuse ; il meurt, et devant son cercueil on accumule les couronnes, on abaisse les étendards conquis sur l'Imperator... Faut-il le dire ? La faiblesse de la conception, la longueur des tirades d'une fade banalité, le mauvais goût des allusions qui le remplissaient, laissèrent sous la plus fâcheuse impression les spectateurs privilégiés du « gala », sans distinction de nationalité.

La *Gazette de Cologne*, malgré son chauvinisme habituel, convint que cette fois on avait dépassé la mesure. Et quoique annoncée au bénéfice d'œuvres charitables de Berlin, la seconde représentation n'eut jamais lieu ; on prétexta, pour l'ajourner indéfiniment, l'indisposition d'un artiste.

Sur tous ces détails, la presse française conserva un silence complet, trop complet peut-être. Les Allemands, à tout propos, qu'il s'agisse de l'anniversaire de notre glorieuse défense de Châteaudun ou de la bataille du Bourget, ou des pèlerinages qui se font au monument de Bougival, nous accusaient violemment de chauvinisme inconsidéré : comment qualifier des manifestations qui se sont produites non seulement dans la rue mais aussi sur la scène, et qui loin de provenir de l'initiative privée ou d'avoir eu un caractère spontané, avaient été à l'avance longuement méditées par des organisateurs patentés, par l'empereur lui-même ?...

IV

NICOLAS II ET GUILLAUME II

Rien n'est édifiant comme l'étude des rapports entre les deux empires de Russie et d'Allemagne : si l'on excepte la lutte entre Frédéric II et Elisabeth, à laquelle mirent fin et la mort de cette princesse et l'avènement de Pierre III, ce ne sont qu'échanges de bons procédés, que manifestations de sympathie justifiées par une série ininterrompue de mariages allemands ; c'est la confirmation de gestes bienveillants par des faits historiques de toute première importance, tels que les partages de la Pologne et la coalition contre Napoléon. La complicité qu'avait engendrée la destruction du royaume de Sobieski se poursuit au xix° siècle et, si la Prusse n'imite pas l'exemple de la Russie qui se chargea de réprimer l'insurrection hongroise, elle sut, en prenant sur la frontière les mesures les plus rigoureuses, contribuer très efficacement à la répression des mouvements insurrectionnels des compatriotes de Poniatowski, et s'assurer ainsi la durable reconnaissance du Gouvernement de Saint-Pétersbourg. Il fallut le Congrès de Berlin et les douloureux sacrifices qu'en 1878 le prince de Bismarck imposa à la Russie victorieuse pour jeter dans les relations entre les deux Etats une méfiance que rien ne put apaiser. L'empereur Alexandre III prouva par son attitude continue pendant un règne de quatorze années qu'il n'oubliait rien, qu'il ne pardonnait rien. Aussi, quand une mort prématurée mit fin à sa noble existence, put-on en Allemagne se flatter de voir les manœuvres dont le Cabinet de Berlin se montrait coutumier ramener dans le giron de la communauté impériale le jeune souverain qui montait sur le trône de Catherine. On voulut même admettre la possibilité de le détacher de l'Entente qu'en pleine conscience de ses intérêts bien compris, son père avait conclue avec la France, l'ennemie héréditaire de l'Allemagne, la République démocratique chez laquelle l'odieux parti socialiste, disait-on à Berlin, puise ses aspirations les plus dangereuses.

En 1896, entre Guillaume II et Nicolas II s'engage un long dialogue, qui prend fin, comme on sait, en 1914, après avoir débuté dans des conditions qui tirent un intérêt poignant, tout d'abord de la lutte mondiale, et plus spécialement de la récente abdication de Nicolas II. Et ce sont les circonstances dans lesquelles fut entamée cette conversation que l'on voudrait rappeler ici d'après des notes personnelles ; il s'agit du chapitre préliminaire, écrit au milieu des sourires de commande et des échanges hypocrites de compliments, d'une histoire qui se poursuit dans le sang et dans les larmes.

Le jour même où Nicolas était couronné à Moscou, en juin 1896, Guillaume II, à Berlin, passait en revue les régiments de la garde dont l'empereur de Russie était titulaire, un corps de cavalerie et un autre d'infanterie ; puis aux officiers de ces régiments comme au personnel de l'ambassade impériale, il offrait un déjeuner au cours duquel il prononçait une longue allocution.

« Au moment où je prends la parole, s'écriait-il, l'empereur et l'impératrice ceignent la couronne et sont oints de l'huile sainte : aux cris de joie du peuple russe, se mêlent les acclamations des nations représentées à Moscou, et les nôtres ne sont pas les moins enthousiastes... » Guillaume II terminait en appelant la bénédiction du ciel sur le couple impérial et en poussant en son honneur un triple hurrah.

De ces manifestations de l'empereur allemand, personne ne s'étonna : elles se répétaient trop fréquemment pour surprendre et on les trouva toutes naturelles. Ce dont on se montra à la fois surpris et charmé du côté allemand, ce fut de la teneur d'un rescrit que Nicolas adressait au comte Schouwaloff et dans lequel il le félicitait d'avoir contribué, pendant ses dix ans d'ambassade, à faciliter les relations des deux pays. Une autre démonstration causa aux Allemands du monde officiel une satisfaction plus vive encore : ce fut l'octroi par Nicolas II de son portrait, à cheval, et en uniforme de hussards au régiment allemand de cette arme dont il était colonel honoraire.

Tandis que se déroulaient les fêtes de Moscou, il était curieux de suivre la presse allemande dans les allusions perpétuelles qu'on y relevait à nos relations avec la Russie.

On y affirmait que l'alliance franco-russe était éminemment propre au maintien de la paix, par conséquent et surtout de la paix de Francfort. On

y disait que jamais le peuple russe n'avait manifesté la moindre sympathie pour les Français qu'il
considère, comme les autres occidentaux, à la fois
comme des étrangers et des hérétiques.

Peu après le couronnement de Nicolas II, on
apprend qu'il va procéder à une visite aux chefs
d'Etat de l'Europe, et l'on ne tarde pas à savoir
à Berlin qu'une entrevue aura lieu à Breslau, à
Breslau la deuxième ville du royaume de Prusse,
dans la capitale de cette Silésie qui, après avoir
été, de 1527 à 1741, l'un des apanages de la Maison des Habsbourg, fut annexée par Frédéric II
à ses Etats. C'est dans cette ville qu'en 1813 se
réunit la jeunesse prussienne pour proclamer
contre Napoléon la « guerre de délivrance », c'est
de Breslau que Frédéric-Guillaume III lança également contre Napoléon son fameux « appel à son
peuple ». Située sur l'Oder, la vieille cité, qui fut
un des principaux marchés de la Ligue Hanséa-
tique, compte plus de 450.000 habitants ; elle est
le centre d'un mouvement commercial et industriel extrêmement important ; des fabriques de
machines et de wagons, des distilleries, le trafic
des laines, des bois, des grains, des métaux, des
draps en font une place de tout premier ordre qui
se trouve reliée par de nombreuses voies ferrées
aux bassins houillers de la région, à ses gisements
de zinc et de fer.

Les anciens remparts que les Français firent
sauter en 1807 à la suite du siège mené par Van-
damme, ont été remplacés par de belles prome-
nades ; dans les nouveaux quartiers adjacents, ce

ne sont que colonnades, balcons sculptés, groupes de marbre ou de bronze, massifs de verdure ou de fleurs. Quant à la vieille ville, elle n'est point sans intérêt ; les Slaves ont légué aux Germains une place remarquable ; quant à l'hôtel de ville, dominé par un haut beffroi, il remonte au xiv° siècle ; c'est un édifice original, orné de sculptures, de blasons, de fresques ; une importante Université, deux bibliothèques précieuses, l'une appartenant à cette dernière institution, l'autre à la ville, complètent l'ensemble des monuments dont s'enorgueillit Breslau.

C'est là que, le 6 septembre, seront passées en revue les troupes réunies en Silésie pour les grandes manœuvres ; on y adjoindra, pour la circonstance, le régiment d'infanterie de la garde « Empereur Alexandre », dont Nicolas II est colonel honoraire, et le régiment de cavalerie dit « Impératrice Alexandra », appartenant à la jeune souveraine de Russie. Une représentation théâtrale, pour laquelle sont engagés les meilleurs artistes, occupera la soirée.

Des princes y sont invités, dont la liste présente aujourd'hui un indéniable intérêt : c'étaient le roi de Saxe, le prince Georges de Saxe, le prince Albert de Prusse, régent de Brunswick et ses fils, le prince Ruprecht de Bavière, le duc Nicolas de Wurtemberg et, enfin, le prince royal d'Italie et le prince Albert de Belgique.

Et quels sont les conseillers politiques qui escorteront les deux souverains ? Du côté russe, un ministre des affaires étrangères qui avait pris une grande autorité, le prince Lobanoff, vient de mourir subitement et le jeune souverain devait arriver à Breslau modestement escorté d'un honnête fonctionnaire, M. Chichkine, dont le nom est aujourd'hui oublié même des vétérans de la diplomatie. Du côté allemand apparaissaient en vedette dans l'entourage impérial, tout d'abord le chancelier de l'Empire, le septuagénaire prince de Hohenlohe, ancien ambassadeur à Paris, ancien gouverneur d'Alsace-Lorraine, « l'oncle Clodwig », comme l'appelait familièrement Guillaume II, et puis, au second rang, le baron Marschall, secrétaire d'Etat aux Affaires étrangères, homme d'Etat qui, au cours d'une mission de plus de dix années à Constantinople, devait asservir la Turquie à l'Allemagne et qui, choisi par son maître pour opérer une réconciliation « sincère » entre l'Empire et la Grande-Bretagne, devait mourir en arrivant à Londres.

Au sujet de l'entrevue, les nouvelles se précisent : le fils d'Alexandre III est en route. Aussitôt, la presse officielle, officieuse et indépendante, obéissant à un mot d'ordre, publie à son adresse les articles de bienvenue les plus chaleureux.

La note est donnée par la *Gazette de l'Allemagne du Nord*, qui, après avoir salué dans l'entrevue de Breslau « une manifestation des relations cordiales qui, pour le bien de leurs peuples, unissent les souverains de leurs puissants Empires », déclare que si les yeux de notre hôte auguste s'abaissent à Breslau sur les troupes allemandes, leur vue leur fournira l'expression vivante d'une puissance qui, sans provoquer autrui, est certaine de sa force et qui, à plusieurs reprises, s'est manifestée utilement dans une entente amicalement efficace des intérêts de l'Allemagne avec ceux de la Russie.

Quant au *Moniteur Officiel de l'Empire*, il ne se laissait pas distancer en basses flagorneries et en hypocrites adulations :

« Demain, le tsar et la tsarine résideront pour la première fois sur le sol allemand depuis leur avènement au trône. Le cœur joyeux, le peuple allemand salue, dans le couple impérial qu'ornent tant de vertus, le digne fils d'Alexandre III et l'auguste princesse d'origine allemande qui, à ses côtés, brille sur le trône d'un Empire voisin et ami.

« Les jours qui vont venir resserreront encore les liens de cordial attachement qui existent entre nos augustes hôtes et notre impératrice. Puisse cette amitié confiante entre les deux maisons souveraines présager à jamais pour l'Allemagne et la Russie une action pacifique commune en vue de leur mission civilisatrice. »

On ne pouvait mieux parler ; les reptiles avaient bien gagné leur salaire, mais leur maître à tous allait les surpasser. En effet, au cours du banquet de Breslau, Guillaume prenait la parole et portait, dans les termes suivants, et en allemand, un toast à ses hôtes :

« Vos Majestés me permettront de déposer à leurs pieds mon plus cordial et mon plus profond remerciement pour la gracieuse visite que vous nous faites tous deux aujourd'hui et pour l'honneur qui est échu en partage au VI° corps de défiler devant vous. Les cris de joie qui, de Breslau, se sont élevés vers Vos Majestés, interprètent les sentiments non seulement de la ville, non seulement de la province de Silésie, mais de mon peuple tout entier. Celui-ci salue en Votre Majesté le gardien des vieilles traditions, le héraut de la paix. Le peuple vous salue sur ce sol où un jour le glorieux ancêtre de Votre Majesté, dont votre régiment de la garde ose s'honorer de porter le nom, s'est rencontré avec mon bisaïeul. Les sentiments que nous et notre peuple nous portons à Votre Majesté, j'oserai les résumer dans cet appel : « Que Dieu bénisse, protège et conserve Votre Majesté pour le bien de l'Europe. Pour l'empereur, pour l'impératrice, trois fois hurrah ! »

C'est en français, notons-le en passant, que Nicolas répondit comme suit :

« Je remercie Votre Majesté des bonnes paroles qu'elle vient de prononcer, ainsi que pour l'accueil qui m'a été fait à Breslau. Je bois à la santé de Votre Majesté, de Sa Majesté l'impératrice. Hurrah ! »

Et voici que le charme est rompu : l'ère des malentendus va commencer.

Tout d'abord, est-il nécessaire de souligner la froideur dont témoigne le langage laconique de l'hôte, surtout si on le rapproche des épanchements de l'empereur d'Allemagne et des avances enguirlandées des journaux du gouvernement ?

Puis, l'emploi du français par Nicolas II fait grincer les dents ; il faut que sans retard les dirigeants trouvent une explication à ce fait : on ne doit y voir qu'une gracieuseté à l'égard des amis que le souverain russe doit visiter demain et dont les susceptibilités se seraient éveillées s'il avait employé la langue allemande.

Par ailleurs, des esprits chagrins trouvent mauvais que ce soit à Breslau et non à Berlin que la réception ait eu lieu.

De toutes parts, enfin, se font jour les sentiments non déguisés des diverses classes de la population vis-à-vis de la Russie et des Russes.

Les socialistes déclarent brutalement que si Nicolas II n'est pas venu à Berlin, c'est qu'il avait la certitude d'être sifflé sur les bords de la Sprée.

Au pôle opposé, le monde de la Cour, les hauts fonctionnaires de tout ordre, les diplomates modèlent leur attitude sur celle de leur maître qui, surtout depuis l'existence de l'entente franco-russe, ne néglige rien pour conserver le contact avec son voisin oriental et va, sans jamais l'attendre, au-devant de toute occasion de témoigner à la famille impériale de Russie les sentiments réels ou feints de la plus débordante sympathie. Et l'observateur impartial ne pouvait empêcher de noter le contraste piquant entre les avances de toutes sortes dont les Russes, de passage ou en séjour à Berlin, sont l'objet de la part de chacun et l'indifférence dédaigneuse qu'on témoigne, sinon peut-être aux Autrichiens, du moins aux Italiens, les uns et les autres pourtant sujets d'Etats alliés de l'Allemagne.

S'agit-il de sentiments que professe pour la

Russie le monde du commerce et de l'industrie,
la note change du tout au tout : les négociants ou
les fabricants voient dans leurs voisins de l'Est de
bons clients, mais ils se demandent si un jour pro-
chain ces clients ne se changeront pas en concur-
rents redoutables et ce jour-là, quelles récriminations contre l'ingratitude de ces « barbares » que
l'Allemagne se vante d'avoir, grâce à ses pédago-
gues et à ses contremaîtres, initiés à la civilisation
moderne. L'ennemi, c'est pour le moment, et
vingt ans après il en va toujours de même, c'est
l'Angleterre. C'est à l'Angleterre, en effet, qu'en
veut cette catégorie si nombreuse d'Allemands qui,
depuis vingt-cinq ans (nous sommes en 1896), se
sont élevés du prolétariat à l'aisance, très souvent
même à la fortune et qui dans leurs rêves ambitieux, justifiés jusqu'à un certain point par des
succès répétés, se flattent d'arriver à dominer le
commerce international au lieu et place de la
Grande-Bretagne.

Que dit le corps universitaire qui jouit au delà
du Rhin d'une si haute et si légitime influence ?
Il a, sur les rapports de l'Allemagne et de la Russie, les mêmes idées que la plupart des membres
des Assemblées politiques du pays ; leur opinion
commune est motivée par une très vive répulsion
à l'encontre des procédés du gouvernement comme du personnel administratif d'au delà de la Vistule, par un profond mépris pour l'ignorance du
moujik opposée à l'instruction qui est donnée au
moindre paysan allemand et enfin par la crainte
d'une action démesurée de l'influence russe sur

les affaires du monde et sur celles de l'Europe. Professeurs et députés poussent ces sentiments à l'extrême, n'en modèrent nullement l'expression et en arrivent très vite à rechercher ouvertement par quel moyen ils pourront préserver leur pays des inconvénients d'un voisinage très gênant. L'auteur de ces notes a été fréquemment l'auditeur forcé de conférences sur l'union nécessaire « des deux grands pays (l'Allemagne et la France) qui marchent à la tête de la civilisation », des avantages qui, pour eux, ressortiraient de l'application d'une politique dont le premier article serait « l'exclusion de la Russie des affaires européennes », et sur la nécessité de prendre sans délai des mesures pour empêcher l'Europe de devenir « cosaque ».

Quant aux travailleurs, ils ne partagent ni les sympathies des uns, ni les répulsions des autres : imprégné depuis l'école de la haine de l'ennemi héréditaire, nourri pendant son passage au régiment de l'idée d'une guerre prochaine avec la France, l'ouvrier siffle indistinctement sur leur passage, lorsqu'ils se rendent aux manœuvres, tous les officiers étrangers dont les uniformes, de près ou de loin, rappellent les nôtres.

Et pour tous ces motifs, l'entrevue de Breslau laissa froid le public allemand : celui-ci n'y aurait trouvé quelque intérêt que si, conformément à l'espoir qu'il en avait conçu, le jeune souverain s'était abstenu de se rendre en France. Cet espoir étant déçu, la vie publique retrouvera son cours ; ou se résignera en haut lieu et Guillaume

II tout le premier ; il continuera à accabler Nicolas II de ses prévenances, à entretenir auprès de lui un aide de camp allemand chargé de lui transmettre ses communications confidentielles. Un beau jour même, Guillaume croit avoir définitivement séduit l'Empereur de Russie et l'avoir détaché de l'alliance française : c'est au cours de la trop célèbre entrevue de Bjorkœ qui a été racontée, dans la *Revue des Deux-Mondes*, avec trop de compétence pour que j'y revienne, par notre collègue M. Nekludoff.

Comment se clôtureront les relations des deux familles impériales ? En août 1914, l'Impératrice Dagmar prenait les eaux en Allemagne avec sa fille, la grande-duchesse Xenia ; elle est expulsée dans les vingt-quatre heures sur les instructions du Hohenzollern ; bien mieux, par ordre supérieur également, tous leurs bijoux sont enlevés aux deux Princesses. L'homme qui avait naguère fait son entrée solennelle à Jérusalem déguisé en Lohengrin, avant de finir comme le plus misérable des pleutres, se révélait au monde ce qu'il était : un comédien couronné.

V

NOS ÉTERNELS ENNEMIS

C'était un exemple et vous savez avec quel zèle il fut suivi. J'ai scrupule à abuser de vos instants et cependant je vous demanderai la permission d'insister sur quelques autres traits communs à Guillaume II et à ses sujets : tel maître, tels valets.

L'Allemand est pillard, nous l'avons vu. Il est aussi menteur et le jugement fameux de Tacite : « *Germani ad prædam pugnabant* », les Germains combattent pour la proie, doit être complété par celui de Velleius Paterculus : « *Germani natum mendacis genus* », la race du Germain est née pour le mensonge.

Guillaume II, au cours de cette curieuse correspondance avec Nicolas II, qui a été publié par les Bolcheviks, ne mentait-il pas effrontément quand il conseillait au Tzar, au nom de ses intérêts, de faire la guerre aux Japonais ?

Et ses représentants les plus autorisés ne mentaient-ils pas quand, *sur son ordre*, en juillet 1914, ils affirmaient ne rien savoir de l'ultimatum à la Serbie ? Et M. de Schœn ne mentait-il pas sciemment quand, au nom de son souverain, il rompait avec nous les relations en affirmant que des avions français avaient survolé Nuremberg ?

L'Allemand est querelleur. Il s'en prend à son

meilleur ami sans rime ni raison. Hors d'Allemagne ne dit-on pas couramment : *Querelle d'Allemand...* Et quelle querelle plus injuste au monde que celle que cherchèrent à la Serbie les deux Empereurs allemands ?

L'Allemand est sournois. N'étaient-ils pas sournois ces Allemands qui, par milliers, jouissaient de notre hospitalité et en abusaient dans quelles conditions, Daudet et tant d'autres l'ont clairement et abondamment démontré, jusqu'au jour où ils crurent le moment venu de nous planter le couteau dans le dos. Et Guillaume II n'agissait-il pas sournoisement lorsqu'il entamait ces tractations avec certains ministres anglais au sujet de la limitation des armements maritimes ? En réalité, il ne visait qu'un objectif : endormir la vigilance de nos voisins afin de gagner le temps nécessaire au développement complet de la marine allemande.

En somme, ce qu'étaient les Allemands au temps des Romains, ils l'étaient hier, ils le seront toujours.

On a dit qu'il fallait connaître ses ennemis pour les mieux combattre. Cette vérité, soyez-en persuadés, est de celles dont se sont inspirés les fondateurs de la Société d'Histoire Générale. Celle-ci certainement apportera — comme on a essayé de le faire ici modestement — des matériaux à l'histoire définitive de nos éternels adversaires, histoire que ne manqueront pas d'édifier les Hanotaux, les Madelin, les Lagorce, les Beyens. Connaître nos ennemis, les faire connaître à tous ceux que nous approchons, n'est-ce pas le meilleur moyen de combattre les pacifistes bêlants comme les Bolcheviks hurlants. Nous adonner à cette tâche, c'est donc faire œuvre de patriote, c'est accomplir un devoir imprescriptible, c'est nous rappeler que, si nous avons reçu de nos ancêtres une France et grande, et noble et belle, nous sommes comptables de ce trésor sans prix vis-à-vis de nos enfants, vis-à-vis des enfants de nos enfants. Et si nous nous acquittons pleinement de ce devoir, nous pourrons nous mettre un jour sans crainte face à face avec notre conscience et sentir que nous avons bien mérité de la France, de la France immortelle!

Mai 1919.

CHAPITRE VII

UN
PRÉCURSEUR DE LA RÉVOLUTION RUSSE :
ALEXANDRE HERZEN

Survenant au milieu de la perturbation la plus
effroyable que le monde ait connue, la révolution russe a produit sur beaucoup d'esprits l'effet
d'un phénomène inattendu, d'un cyclone qui
anéantirait les œuvres des hommes sans avoir été
annoncé par aucun signe précurseur, d'une érup-
tion destructrice des beautés de toute une région
dont aucun prodrome n'avait permis d'éluder les
effets. L'écho des cannonades de la Marne ou de
l'Aisne a-t-il dissimulé les signes avant-coureurs
de la perturbation qui devait emporter un régime
séculaire ? Ou plutôt n'a-t-on pas tenu un compte
suffisant des mouvements qui, depuis trois quarts
de siècle, se sont cependant manifestés avec une
force plus ou moins vive et laissaient prévoir ces
bouleversements que devaient singulièrement faciliter les conditions toutes spéciales dans lesquelles évoluait l'Empire des Tsars ?

Le peuple russe a subi son histoire plutôt qu'il
ne l'a faite ; il ne doit pas sa destinée au libre dé-

veloppement de son génie national ; aucun rapprochement à tenter entre l'histoire de la Russie et celle de n'importe quelle nation d'Europe, à commencer par la France. Son histoire, le peuple l'a subie ; elle ne l'a pas pénétré, elle a passé pardessus ; le métal a été courbé bien artificiellement, il n'a subi aucune fusion ; et pour ce qui est du gouvernement, le Tsarisme n'avait créé aucun lien permanent entre gouvernants et gouvernés. Quelle union au surplus pouvait s'établir entre des peuples de races diverses d'une part et, de l'autre, des autocrates ayant une proportion infime de sang russe dans les veines ; ces Souverains, des mariages répétés avec des étrangères ne les avaient-ils pas rendus plus Allemands que Russes ? Certes, la masse resta longtemps attachée au Tsar, au père, jusqu'au jour où le charme fut rompu par la faute de cette hiérarchie de fonctionnaires aux mailles serrées, aux traditions comme aux dehors allemands, exécutant sans la discuter la volonté impériale, pressurant sans pitié la masse compacte, muette. Un jour vint où, sous l'excès de la souffrance accrue par une grande calamité nationale, la guerre, les habitudes de discipline s'évanouirent, l'esprit d'obéissance disparut faisant place au placide raisonnement d'abord, puis à l'aigre discussion, enfin à la révolte sanglante.

Le lent travail dont nous constatons aujourd'hui les lamentables résultats, on ne le soupçonnait guère en Europe ; mais si l'on se penche par dessus les frontières du grand pays aujourd'hui en complet désarroi, et qu'à des époques différentes on y prend des notes sur les hommes et les choses, le spectacle de l'heure présente devient pleinement compréhensible, la responsabilité des acteurs du drame ressort pleinement et un vivant jet de lumière se trouve projeté sur toute une page de l'histoire de l'humanité.

« ...Etrangers en Russie, ils ne l'étaient pas moins dans les autres pays, où ils restaient spectateurs oisifs. Rendus impropres à la vie russe par leurs exigences occidentales, ils ne l'étaient pas moins à l'étranger à cause de leurs habitudes russes. Ils représentaient une inutilité intelligente et se noyaient dans une vie artificielle, des plaisirs sensuels, et un égoïsme insupportable ».

Ce jugement, formulé au premier tiers du XIXe siècle sur l'aristocratie russe, de qui donc émanait-il, sinon d'un de ses rejetons de hasard, qu'aux époques récentes de crise de l'histoire de la Russie — en 1905 comme en 1917 — les représentants du peuple acclamèrent comme l'homme en qui s'incarnaient les souffrances trop prolongées, les aspirations toujours réfrénées, les antipathies permanentes, les volontés définitives enfin de toute une nation.

En 1905, les vœux que la Douma formait avec tout le respect qu'elle croyait devoir à la séculaire institution qui s'appelait le tsarisme et qu'elle songeait à réformer, mais non à détruire, ces vœux furent méconnus. En 1917, instruit pas d'expérience le Peuple russe agit d'une manière sur laquelle il n'y avait pas à revenir. Aux deux époques, une manifestation se produisit à la Douma

en vue du retour dans son pays natal des cendres
d'un homme qui, né d'un aristocrate, vécut pour
le peuple, qui, passionnément dévoué à son pays,
lequel ne lui procura qu'exil et persécution, passa
à l'étranger les vingt-cinq dernières années de sa
vie, et qui, en dépit des exemples au milieu desquels il avait été élevé, sut heureusement utiliser
des dons exceptionnels pour ce que sa conscience
lui désignait comme le but suprême, à savoir la
libération du peuple russe.

Alexandre Herzen, c'est le nom du personnage
qui se trouvait ainsi par une grandiose manifestation signalé à l'attention des enfants de ses con-
temporains: il avait, de son vivant, joui de ce singulier privilège d'avoir été, Russe pur sang, l'objet de violentes attaques de la part des slavophiles,
le mot de traître fut même par eux prononcé, et
d'avoir été considéré par les étrangers comme réu-
nissant peut-être les défauts, mais aussi un grand
nombre des qualités du véritable Russe. Karl Marx
le traitait tout simplement de Moscovite, de Cosaque ; d'autres voyaient en lui autre chose, quelque chose de mieux, le type du patriote, du phi-
lanthrope. Ces divergences d'appréciation, dues
certainement à des divergences d'opinions politiques, il était téméraire de chercher à les conci-
lier et il semble par ailleurs présomptueux de pré-
tendre, alors que d'autres s'y sont vainement es-
sayés, expliquer le caractère définitif de celui qui,
songeant sans doute à lui-même, s'est exprimé
dans les terme ssuivants :

« Tout être vivant est une soudure si habilement

faite entre plusieurs éléments qu'il échappera toujours par un ou plusieurs côtés à ceux qui essaieront de l'embrasser dans son ensemble. De là une foule d'erreurs qui se sont produites quand on a essayé d'étudier des personnages historiques ».

M. Yakovlew, issu d'une ancienne famille moscovite, possesseur d'une très grande fortune, se trouvant à Stuttgart chez son frère, Ministre de Russie, y noua une intrigue avec une petite bourgeoise allemande, simple, douce ; il la ramena à Moscou, lorsqu'il rentra dans son pays, et, en 1812, naquit celui qui devait être Alexandre Herzen. Il fut élevé chez son père et n'avait même pas d'état-civil, lorsque les Autorités, émues de cette lacune, invitèrent M. Yakovlew à la combler. Quel nom donnerait-on à l'enfant ? Sa mère l'interpellait en allemand du diminutif de « Herzchen », petit cœur. Pourquoi ne consoliderait-on pas cette appellation familière ? Alexandre Herzen, tels furent les nom et prénom qu'officiellement il reçut.

On ne voit pas que l'influence de M. Yakovlew se soit exercée dans un sens quelconque sur l'éducation de l'enfant, ni, qu'il ait cherché à lui inculquer quelques règles de conduite : et quelle morale eut-il pu prêcher, puisqu'il n'épousait pas la mère de son enfant uniquement pour ne pas cesser d'être Chevalier de Malte ? Il se bornait à observer ce qu'on appelle les convenances au nombre desquelles il mettait la religion. Il était d'ailleurs fort irritable, méprisait à peu près tout le monde et n'obligeait personne pour ne forcer personne à l'obliger.

Dans le sous-sol de la maison de son père, le jeune Alexandre découvrit une importante bibliothèque dans laquelle abondaient les livres français du XVIII° siècle ; il y connut les sarcasmes de Voltaire avant d'avoir appris les éléments de sa religion. Il y lut et relut le « Mariage de Figaro », puis passa à « Werther », qu'il goûta avec délices, pour aboutir à Schiller et palpiter dans le monde des héros chantés par le poète allemand, vivant leurs aventures, leurs peines, leurs joies. Il avait un vieux Maître de Français, M. Bouchot qui, au plus fort de la Révolution, avait quitté Paris, non sans s'être valeureusement employé aussi bien au moment de la prise de la Bastille que pendant la journée du 10 août. Il parlait peu de la grande époque, savait se réserver et au mot de Révolution permettait seulement à ses lèvres d'esquisser un sourire contenu. Devant les questions de l'enfant, il se laissa aller, et un jour que le jeune Alexandre lui demandait pourquoi on avait exécuté Loui XVI, Bouchot répondit : « Parce qu'il avait été traître à sa Patrie. » — « Et, si vous aviez été son juge, demanda Herzen, auriez-vous signé le jugement ? » — « Des deux mains », répondit le précepteur qui rapporta alors différents épisodes de 1793 et raconta comment il avait quitté Paris quand « les coquins dépravés » devinrent les maîtres.

Herzen eut un autre Maître, un Russe du nom de Protopopoff qui l'initia au mouvement libéral en littérature et lui fit lire des récits de Pouchkine, lesquels, interdits par la police, ne circulaient que manuscrits. Tandis qu'à cette époque le romantisme littéraire représentait le libéralisme politique, le retour aux classiques cadrait avec le mouvement conservateur : Hertzen n'avait pas quatorze ans qu'il composait en russe une dissertation concluant à la suppression du genre classique, Protopopoff fut enchanté de ce travail et quand le vieux Bouchot fut remplacé par un certain Merchal, fervent admirateur de Racine et de Boileau, son élève lui présenta, traduite en Français, la fameuse dissertation, protestant, et dès la première heure, contre les tendances du maître qui lui était donné.

Sa première jeunesse fut assombrie par un drame: l'exécution des Décembristes. L'avènement de Nicolas fut salué par une sédition militaire qui échoua, par suite de la défection de certains chefs et qui fut réprimée avec la dernière rigueur. Cinq officiers furent condamnés à être écartelés mais, par une faveur spéciale, furent simplement pendus ; des régiments entiers disparurent...

Herzen avait admiré Alexandre I, mais Nicolas Ier lui inspira toujours la plus vive antipathie ; on en trouve l'expression dans le passage suivant de ses mémoires qu'il consacre à l'autocrate :

« Le lendemain de l'exécution des cinq Décembristes, un *Te Deum* fut chanté au Kremlin. Le métropolite Philarete rendit grâce à Dieu pour ces assassinats. Toute la famille impériale priait, entourée du Sénat, des Ministres, et tout autour,

sur une vaste étendue, étaient massés les rangs
serrés de la garde, à genoux, tête nue, et priant
Dieu, tandis que du haut du Kremlin tonnait le
canon .

« Après avoir célébré l'exécution des vaincus,
Nicolas fit son entrée solennelle à Moscou. Je le
vis alors pour la première fois : il était à cheval,
à côté du carrosse des Impératrices.

« Il était beau, mais sa beauté soufflait le froid.
Jamais visage d'homme ne révéla plus impitoya-
blement que le sien son caractère : un front très
fuyant, la mâchoire inférieure, développée au
détriment du crâne, exprimait une volonté de fer
et une pensée étriquée, plus de cruauté que de
sensualité. Les yeux surtout étaient caractéristi-
ques, sans le moindre rayon de chaleur, sans
ombre de miséricorde, des yeux d'hiver. Je ne
crois pas qu'il ait jamais aimé passionnément une
femme, comme son frère Paul la Loupoutchine
ou comme son frère Alexandre toutes les femmes,
excepté la sienne. Nicolas daignait distribuer ses
faveurs : rien de plus. »

Si le drame de décembre fixa Herzen dans
l'aversion du Tsarisme, de menus incidents qu'il
note dans ses souvenirs l'inclinèrent de bonne
heure à la sympathie pour les humbles et les
déshérités du monde. Il était à peine âgé de neuf
ans, qu'il assista à une tragédie du servage qui lui
inspira à jamais la haine de l'institution. Son
oncle avait pour médecin un de ses serfs, Tolt-
chanow, qu'il avait envoyé au lycée, puis à l'Uni-
niversité, où le jeune homme fit de bonnes études

de médecine. Une fois docteur, ce dernier se maria mais sans révéler à la jeune femme sa condition dépendante. Celle-ci finit par apprendre la situation sociale de son mari et le quitta immédiatement. Le jeune médecin ne put supporter ce coup ; il s'empoisonna dans la maison qu'habitait le jeune Herzen.

Les Yakovlew ne traitaient pas trop mal leurs serfs ; un jour cependant le petit Alexandre vit le staroste qui recueillait les impôts des serfs battre un vieux moujik. L'enfant se jeta sur le staroste, le saisit par sa longue barbe et l'obligea à lâcher le pauvre vieux qui ne pouvait s'acquitter de ses redevances. La caste qui bénéficiait des terribles inégalités sociales dont souffrait la Russie, il devait sans cesse la décrier, la ridiculiser, en formulant des vœux pour sa suppression ; un jour qu'il feuilletait un annuaire généalogique de la noblesse russe, un ami de la maison lui demanda ce qu'il lisait avec tant d'intrêt : « Un livre de zoologie », répondit le jeune homme imperturbablement.

Et puis n'y a-t-il pas à tenir compte en ce qui concerne la formation de l'esprit de l'écolier, indépendamment des lectures auxquelles nous avons fait allusion plus haut, des souvenirs, encore vivants du temps de son enfance, que la Révolution Française avait laissés chez ses aînés : la prise de la Bastille n'a-t-elle pas provoqué une explosion de joie folle chez la jeunesse intellectuelle russe ? Nobles, marchands, petits bourgeois de Pétersbourg l'avaient accueillie avec un égal enthousiasme : on s'embrassait dans les rues ; Français, Russes, Danois, Allemands, Anglais, Hollandais se congratulaient comme s'ils étaient délivrés d'une chaîne trop lourde à porter ; un monde nouveau allait par contre-coup naître en Russie ; celle qui devait être un jour Mme Swetchine illuminait la maison de son père pour fêter la délivrance des prisonniers. Cette attitude des Russes à notre égard n'avait-elle pas été préparée par le mouvemnt des esprits pendant la seconde moitié du xviiie siècle ? La langue française avait joué son rôle, elle était d'un usage courant, nécessaire qu'elle était à la foule cosmopolite qui cherchait à Saint-Pétersbourg ses moyens d'existence, aventuriers de tous pays, laquais, précepteurs ; puis étaient venus des artistes parfaitement recommandables, Tocqué, Jean-Michel Moreau, l'architecte Valois, le sculpteur Gillet, des médecins en grand nombre. Puis, sous Catherine, notre théâtre avait acquis une influence considérable, en contribuant à policer les mœurs. Les livres français faisaient fureur : Molière, Montesquieu, Rousseau, Voltaire ; les œuvres de ces derniers étaient enlevées dès leur apparition, ses pièces jouées presque en même temps à Saint-Pétersbourg qu'à Paris. Et pendant le cours de la Révolution, Alexis Strogonow recevait des nouvelles des événements par Rome, son ancien précepteur. A l'école des Cadets, le directeur, le prince d'Anhalt, aménageait une salle pour la lecture des journaux français. Quand le roi accepta la conslitution, ce fut un long défilé chez le chargé d'affaires de France.

*
* *

Quand l'heure sonna pour le fils de l'aristocrate moscovite de prendre une direction, il n'écouta pas son père qui voulait l'orienter vers la diplomatie. Sous l'influence de son ami d'enfance Ogarew, son inséparable jusqu'à sa mort, il envisagea une carrière scientifique et se décida à suivre les cours de l'Université. A Moscou et à cette époque, 1829, cette institution ne renfermait que des professeurs de science notoirement incompétents ; en revanche elle n'était pas entourée de barrières ni soumise à la surveillance qu'inaugura bientôt le règlement de 1832. Tout le monde y était admis, sauf les serfs et les paysans : les étudiants développaient leurs facultés et leurs forces intellectuelles et morales par leurs propres moyens, en échangeant leurs opinions dans des conférences particulières et à l'abri de tout contrôle.

Herzen se rapprocha avec d'autant plus d'inclination de ses camarades, sur lesquels il ne tardait pas à prendre une réelle influence, que les tentatives de son père pour l'introduire dans la haute société moscovite avaient échoué devant les dédains que provoquaient sa naissance irrégulière. Il ne sortait pas du cercle de ses camarades et ne consentait jamais à déserter leur société. Ces jeunes gens dans leurs réunions causaient librement de tout sujet, formulaient ouvertement toute idée qui germait dans leur cerveau. Des cahiers de poésie circulaient que l'Autorité avaient interdits, les livres défendus étaient lus avec d'autant plus d'avidité, la lecture en était agrémentée de nombreux commentaires. Herzen, bien qu'il n'eut encore publié aucun travail politique, était le centre du groupement. Il se faisait remarquer par le débordement de son enthousiasme, mais que visait sa propagande ? Lui-même était embarrassé pour le dire : « Il est difficile de déterminer ce que nous avons propagé : nos idées étaient vagues ; nous avons prêché la Révolution Française, plus tard nous préchions le Saint-Simonisme, nous préchions la Constitution et la République, la lecture de livres politiques, l'union des forces publiques dans la Société, mais nous préchions par dessus tout le dégoût pour toute violence, pour tout arbitraire ».

Le mouvement qui agita l'Europe à la suite de la Révolution de 1830, ne pouvait laisser insensible Herzen et son groupe : ils suivirent avec le plus chaleureux intérêt la marche des événements ; non seulement, ils connaissaient les noms de tous les acteurs de la Révolution, mais ils déclaraient les aimer. « Ce sera bientôt, ce sera bientôt », répétaient-ils les larmes aux yeux, en faisant allusion aux événements de France comme à ceux de Pologne. Mais ils durent bientôt tristement constater que le mouvement n'aboutissait, à Paris, qu'à l'établissement d'une monarchie bourgeoise et à Varsovie, au triomphe de l'autocratie. Herzen et ses amis devaient forcément se détourner du libéralisme politique pour se diriger du côté du libéralisme social.

Lorsqu'en 1832, le fils de Yakolew sortit de l'Université, il pensait compléter son instruction en étudiant à fond l'économie politique connue en effectuant des recherches sur l'origine du christianisme, recherches qui, dans son esprit, devaient aboutir à l'établissement d'une doctrine sociale nouvelle ; les événements devaient en décider différemment.

*
* *

Tandis que Herzen, son camarade Ogarew et leurs camarades suivaient avec passion le procès des Saint-Simoniens, y trouvant des raisons de travailler à pousser continuellement l'humanité vers un avenir meilleur, rêvant l'émancipation de la femme, voulant que chacun vive sa vie propre en conciliant la satisfaction de ses désirs égoïstes avec le sacrifice nécessaire à la vie commune de la Société (1), un orage imprévu fondit sur le petit groupement. Dans le courant de 1834, une

(1) Dans « Passé et Réflexions », Herzen s'exprime comme suit : « Le Saint-Simonisme nous apportait d'un côté l'émancipation de la femme, l'appel au travail en commun, l'union contractée avec elle en la considérant comme une égale, et, d'autre part, la réhabilitation de la chair. Idées remarquables qui renferment tout un monde de rapports nouveaux entre les hommes, un monde sain, un monde de beauté, un monde spontanément moral et, pour cette raison moralement pure, nos âmes et nos cœurs s'ouvraient tout grands devant ce monde merveilleux. Le Saint-Simonisme devint la base de nos idées et le demeura dans ses traits essentiels ».

série d'incendies éclatait à Moscou dont on ne réussit pas à découvrir les auteurs. La police secrète au cours de son enquête s'en prit à une réunion de jeunes gens dont le grand crime était « d'avoir chanté des chansons contenant de lâches expressions contraires au devoir du serment ». Et comment arriva-t-on à pareille constatation ? La chose vaut la peine d'être contée, elle résume toute une époque. Un agent secret, ancien officier, nommé Skariatka, avait réussi à se faufiler dans le groupe des Saint-Simoniens et put ourdir toute une machination qui devait avoir pour Herzen les plus graves conséquences.

Un des jeunes gens dont Skariatka avait gagné la confiance, ayant subi honorablement ses derniers examens, imagina de donner un repas à ses amis : Herzen s'abstint, ainsi que d'autres étudiants de prendre part à la réunion au cours de laquelle les convives, après avoir dansé une mazurka, entonnèrent une chanson dont le refrain contenait des paroles insultantes pour le Tzar, fut répété avec entrain. Le soir venu, Skariatka, qui était de la fête, annonça qu'ayant vendu un de ses chevaux, il invitait ses amis à venir chez lui vider quelques bouteilles de champagne. Ainsi fut fait, et le généreux amphitryon ayant proposé d'entonner à nouveau le chant révolutionnaire, le grand maître de la police parut à la porte, suivi d'une troupe de soldats : tous les convives furent arrêtés. Et ce fut l'origine de toute une série d'arrestations qui devait bientôt atteindre Alexandre Herzen lui-même. Il nous raconte dans ses mémoires qu'il avait la conscience tellement tranquille qu'il n'hésita pas à entreprendre de multiples démarches pour amener l'élargissement d'un de ses amis, arrivé la veille même du fatal souper. Et c'est le premier chapitre d'une longue et curieuse étude sur les mœurs administratives et policières sous le règne de Nicolas. L'altruisme de Herzen n'eut d'autre résultat que de provoquer sa propre arrestation et cela nous vaut tout d'abord une peinture pleine de vie de tous les organes de cette immense machine qu'était la police russe ; le laisser-aller des agents inférieurs, sensibles seulement au versement d'un nombre de roubles variant d'après la situation du prévenu, les locaux où se déroulait une instruction que les prévenus redoutaient infiniment plus que la punition elle-même, l'apathique indifférence des hauts fonctionnaires pour qui l'accomplissement de leur devoir est une corvée dont il faut qu'ils se débarrassent au plus vite et n'importe comment, tout cela est décrit de main de maître. « Pierre Ier a supprimé la question et la chancellerie secrète. Catherine a défendu la question. Alexandre en a agi de même. Les aveux arrachés par la peur ne sont pas reconnus valables par la loi. Le fonctionnaire qui a recours à des moyens coercitifs pour faire parler un prévenu s'expose lui-même a être mis en jugement et la pénalité qui l'attend est rigoureuse. Et néanmoins les détenus sont encore soumis à la question d'un bout à l'autre de la Russie, depuis le détroit de Behring jusqu'à Tauroguen. Lorsqu'on suppose qu'il serait dangereux de la donner avec des verges, les meurtrissures qu'elles laissent pouvant éveiller l'attention de l'autorité suprême, c'est à une chaleur suffocante qu'on soumet les prisonniers, à la soif atroce que provoquent les aliments salés... Le pouvoir n'ignore pas ces abus, la plupart des gouverneurs les encouragent, le Sénat les tolère, les ministres se taisent, l'usage l'emporte sur la loi ; l'Empereur et le Synode, les propriétaires et les officiers de quartiers partagent à cet égard la même opinion : ils ne voient pas, disent-ils, pourquoi on ne battrait pas les paysans, et pensent même qu'il est bon de le faire de temps en temps ».

Herzen, il faut en convenir, ne connut point de pareils tourments ; la venue de l'Empereur Nicolas à Moscou ayant donné à la double instruction qui se poursuivait, d'une part contre les incendiaires supposés, de l'autre, contre les étudiants, une impulsion peu conforme aux habitudes de la justice russe, Alexandre subit un bon nombre d'interrogatoires, puis fut éloigné de la ville et jusqu'au jour du jugement, relégué dans l'ancien monastère de Kroutizki, transformé en caserne. Voilà à quel régime il y fut soumis : « Je finis par m'habituer à ma nouvelle prison, comme je m'étais fait à celle du quartier de police ; j'y passais mon temps à conjuguer des verbes italiens d'après ma grammaire et à lire quelques autres livres de ce genre. Au commencement, je fus soumis à un régime assez sévère ; le soir, à neuf heures, aussitôt que la retraite sonnait, mon gardien entrait dans ma chambre, éteignait ma lumière et fermait ma porte à clef. Depuis ce moment jusqu'à huit heures du matin, j'étais obligé de rester dans une obscurité complète ; cela me paraissait d'autant plus pénible que, n'ayant jamais été un grand dormeur, quatre heures de sommeil me suffisaient en prison, où j'étais complètement privé d'exercice. Joignez à cela que toute la nuit le cri de « écoute ! » que jetaient de quart d'heure en quart d'heure les factionnaires venait me rappeler que j'étais sous les verrous ».

« La retraite sonnée, un silence profond s'établissait dans la prison, rien ne le troublait, si ce n'est le pas du soldat de faction qui marchait sur la neige dessous ma fenêtre, puis le cri lointain des sentinelles. Mon sommeil était souvent troublé par des songes : il m'arrivait souvent de me dire quand j'ouvrais les yeux : « Le maudit rêve ! « une prison ! des gendarmes ! Heureusement « qu'il n'y a rien de vrai dans tout cela ». Mais au même instant le bruit d'un sabre qui résonnait dans le corridor, ou la vue de l'officier de service qui entr'ouvrait la porte et que j'apercevais à la lueur d'une lanterne portée par un soldat, ou encore le cri de « qui va là ? » que les factionnaires avaient la barbarie de pousser dans la cour, souvent aussi le son retentissant de la trompette qui sonnait le réveil, me rappelait à la réalité. »

Tout finit cependant et un jour vint où le jugement fut prononcé, très sévère pour trois inculpés, mitigé pour les autres, comportant pour

Herzen l'exil en Sibérie. Quel était au juste son crime ? L'enquête avait constaté l'état d'esprit des inculpés, avait relevé chez eux des idées révolutionnaires, idées Saint-Simoniennes. De fait, point pour ce qui concerne plus spécialement Herzen ; sa culpabilité fut ainsi établie : « Herzen, jeune homme à l'esprit ardent. Il n'a pu être convaincu d'avoir chanté les chansons incriminés, mais on voit dans sa correspondance avec Ogarew que c'est un audacieux libre-penseur, très dangereux pour la Société ». — Quant à Ogarew, n'avait-il pas avoué avoir chanté des chansons injurieuses pour l'Empereur et avoir échangé avec Herzen une correspondance le signalant comme libre-penseur ?

L'exil que subit Herzen, présente cette singulière particularité, c'est que, tout en ayant été l'objet d'une condamnation, il devint fonctionnaire. Anticipant sur Gogol et son « M. le Réviseur », il ne se fait pas faute dans ses mémoires de dépeindre la vie des employés subalternes et supérieurs : de ceux-ci nous ne retiendrons qu'un type, celui du Gouverneur de Viatka, la résidence de l'exilé : « On sait que l'autorité dont jouissent en Russie les gouverneurs varie suivant les lieux : elle augmente en raison de leur éloignement de Saint-Pétersbourg. Le Gouvernement de Viatka est un des plus reculés : Tioufaïef, c'était le nom du gouverneur, en profita.

« Le nouveau Gouverneur régnait à Viatka en véritable satrape, mais c'était un satrape éveillé, remuant, qui voulait tout savoir et ne restait jamais inactif. On aurait pu le comparer à un commissaire de la Convention, à Carrier par exemple, mais avec cette différence que toute l'énergie et l'insensibilité qui le caractérisaient, au lieu d'être au service d'un pouvoir révolutionnaire, étaient aux ordres d'un autocrate. Lorsque j'arrivai à Viatka, il était séparé de sa femme et vivait avec celle de l'un de ses cuisiniers qu'il avait renvoyé à la campagne. Cette favorite habitait dans la maison un appartement réservé ! Quoiqu'elle n'assistât point aux réceptions officielles, les fonctionnaires particulièrement dévoués au Gouverneur, c'est-à-dire ceux qui craignaient le plus de tomber entre les mains de la justice, fréquentaient assidûment la femme du cuisinier et lui composaient une petite cour. Leurs femmes et leurs filles allaient même le soir et sans bruit lui rendre visite. Cette grande dame avait eu le bon esprit d'imiter quelques-unes des favorites qui ont joué un grand rôle dans l'histoire : connaissant les goûts du vieillard et craignant de le perdre, elle se choisissait des rivales. Le gouverneur en était plein de reconnaissance et ce couple, fort édifiant comme on le voit, faisait très bon ménage. »

Tioufaïef était né d'un père déporté en Sibérie ; avant d'entrer dans l'Administration il avait été acrobate : en face de lui Herzen dresse en pied un autre type de gouverneur, le prince Dolgourouki, qui appartenait, lui, à la classe des « aristocrates viveurs » de la pire espèce, et avait fait folies sur folies à Pétersbourg, Moscou, Paris. « C'était un homme gâté par la fortune, cynique dans ses propos, d'une conduite révoltante ; il tenait à la fois du grand seigneur et du bouffon. Lorsque ses excentricités eurent dépassé les bornes, le gouvernement lui intima l'ordre de se rendre à Perm. Il y arriva avec deux voitures , il se trouvait dans l'une avec son chien ; l'autre était occupée par son cuisinier français et un perroquet. Des aventures galantes un peu trop corsées l'obligent à quitter Perm, mais avant de partir, le Prince invite les fonctionnaires du lieu à venir faire la connaissance d'un pâté comme ils n'en avaient jamais goûté : le pâté fut trouvé exquis et dévoré en un tour de main. Et alors Dolgouronki fit la déclaration suivante : « Il ne sera pas dit que je vous ai quittés sans vous donner une preuve de l'estime que je vous porte : Je vous ai sacrifié mon chien Hardi, c'est lui que vous venez de manger ». Et le Prince, à l'appui de son dire, fait apporter les restes de Hardi, c'est-à-dire ses os et sa peau.

Si Herzen prend plaisir à fouailler les travers des types excentriques de l'administration et de l'aristocratie russe, il trace un tableau plus sérieux de cette société de fonctionnaires et d'exilés qu'il put observer en Sibérie. Il complète par des traits d'un cruel réalisme les esquisses que Gogol a tracées avec une verve comique. Il décrit ces bureaux lamentables d'où quelques papiers couverts d'encre par des hommes déguenillés vont porter le malheur dans des familles, dans des villages entiers. L'Autorité administrative pressure les infortunées populations de façon honteuse, et

Herzen, après avoir longuement stigmatisé des excès d'un Pestel, d'un Kaptsévitch, constate que « le vol est devenu *res publica* parmi les fonctionnaires de cette région éloignée. Le pouvoir impérial, qui partout ailleurs frappe et disperse comme des coups de mitraille, ne saurait battre en brèche ces retranchements de boue couverts de neige ».

Et c'est pour l'auteur des « mémoires » une occasion d'entrer dans le domaine de la politique et, tout en protestant énergiquement contre les abus, d'indiquer le moyen d'y couper court: « l'administration et la justice ne seront régénérées que lorsqu'on aura répandu dans le pays l'institution des jurés populaires et lorsque la publicité la plus absolue règnera dans toutes les branches du service, tant administratif que judiciaire. Le Gouvernement russe ayant d'ailleurs sa véritable base au sein des masses, accorderait aux classes inférieures ses fonctions civiles, qu'il ne ferait ainsi que fortifier. »

Pour les nombreuses et piquantes observations qu'il fit sur les hommes que pendant son exil il fut obligé de fréquenter, aussi bien que sur la révocation de l'infâme Tioufaïef, nous ne pouvons que renvoyer aux mémoires mêmes de Herzen. Notons toutefois que sous l'influence des lettres qu'il recevait de Nathalie Zakharine, jeune fille douce, modeste et de sentiments religieux, qu'il avait connue étant étudiant et qu'il aimait, il obéit à un sentiment mystique très profond, lut la vie des saints, vécut avec les martyrs de la religion. Ce sentiment continua à se manifester à Vladimir d'où il fut transféré de Viatka et où le rejoignit sa « Béatrice » ; leur mariage quasi clandestin fut célébré par un pope de rencontre et en présence de garçons d'honneur raccolés au hasard. Cependant, l'heure approchait où son exil allait prendre fin : en mars 1840, il était autorisé à venir vivre à Saint-Pétersbourg et aussitôt entra au service de l'Etat, dans les bureaux du Ministère de l'Intérieur ; pendant son séjour à Viatka, il s'était demandé s'il serait écrivain ou fonctionnaire, trouvant pour la seconde alternative cet argument que l'absence de bons fonctionnaires était un grand malheur pour la Russie. Son passage dans l'administration centrale modifia ses opinions : en étudiant le mécanisme bureaucratique, il s'aperçut clairement qu'il n'avait qu'une raison d'être : servir une seule personne, le Souverain, et sous l'impression douloureuse qu'il éprouvait à constater que l'absolutisme triomphait, il subit une crise au sortir de laquelle il se sentit définitivement acquis aux idées qu'à l'époque on qualifiait de libérales. Alors que nombreux étaient ceux de ses compatriotes qui admiraient sans réserve le système de Hegel ; que ces hommes trouvaient commode, pour justifier leur soumission à l'autocratisme, d'adopter une théorie qui reconnaissait la nécessité de l'existence de tout ce qui existe, Herzen protestait contre la thèse d'après laquelle tout ce qui est a sa raison d'être et n'admettait pas un instant que le pouvoir de Nicolas, avec tous les maux qu'il engendrait, pût avoir sa raison d'être. Il déclare qu'il voit la Russie traverser la dernière période de l'époque de Pierre Iᵉʳ. « Après, nous dit-il, la Russie prendra un développement considérable, et conforme aux véritables lois de l'humanité ». Malheureusement pour le jeune écrivain, le gouvernement de Nicolas Iᵉʳ vint lui enlever jusqu'à ses dernières illusions en lui interdisant de croire que le gouvernement autocrate pût jamais avoir un caractère humain. Un policier tue un passant : dans une lettre à son père, Herzen commente le fait. Le Gouvernement qui veut étouffer l'affaire et qui attache une grande importance à la révélation d'Herzen, le relègue à Novgorod en dépit de hautes protections, mais grâce aussi à ces mêmes protections, on consent à ne pas le considérer comme un relégué, mais comme le chef d'un service de l'administration locale. Et, curieuse coincidence, il se voit affecté au service qui, entre autres sujets, s'occupe des affaires des serfs et de leurs seigneurs ; chaque fois qu'il croit possible de prendre la défense d'un serf, il saisit l'occasion avec empressement. Malheureusement, il ne peut que constater à chaque moment l'impuissance qui le laisse désarmé. Un jour, il est témoin du refus barbare opposé par le gouverneur à une serve mère, refus d'ailleurs conforme aux cruelles prescriptions de la loi : à partir de ce jour, il se refuse à rester plus longtemps le témoin impuissant de pareilles scènes et il donne sa démission. En 1842, on lui accorde le droit de vivre à

Moscou, mais on lui interdit le séjour de Pétersbourg.

Au cours d'un séjour de quatre ans et demi
dans sa ville natale, Herzen entre en rapport avec
les hommes les plus célèbres de l'époque, discute
avec eux les problèmes scientifiques et sociaux du
moment, mais il sent l'abandonner les illusions
de la jeunesse, souffre de se heurter sans cesse à
des obstacles insurmontables, sent que son individualité ne peut se faire jour sous un régime toujours armé pour les représailles et ne trouve un
dérivatif que dans la publication d'œuvres litté-
raires, romans, nouvelles, dans lesquels il ne se
fait pas faute de stigmatiser les travers du milieu
même dans lequel il était né et avait vécu.

Dans « A qui la faute », il met en scène des
personnages qu'il dépeint avec une vérité frap-
pante ; peu ou pas d'action, mais des types tels
que le général qui a pris très jeune sa retraite
pour s'occuper de la gestion de ses terres, un précepteur à moitié allemand, une vieille gouver-
nante française, la « Madame » de la maison
comme disent en Russie les provinciaux, une enfant naturelle du général, adoptée par la générale, mais traitée en servante ; c'est, en un mot,
décrite de main de maître la vie morne et sans
horizon des nobles et des employés russes.

La « Pie voleuse » met en scène une serve à
qui sa haute intelligence a permis de devenir une
artiste de talent mais qui est écrasée par le stig-
mate de sa naissance : son maître, par jalousie,
brise sa carrière et elle meurt de désespoir.

Dans le « Mourant », il met en scène un bourgeois parisien sur lequel il accumule tous les travers de la classe sociale à laquelle il appartenait et il fait ressortir toutes les faiblesses et de sa femme et de ses proches.

*
* *

Herzen, tout en se montrant très féru de la philosophie allemande, ne pouvait détacher sa pensée de Paris, il rêvait d'y vivre et d'y connaître les hommes dont il avait adopté les idées : Considérant, Saint-Simon, Fourier, Proudhon. Le Gouvernement de Nicolas n'aimait pas voir un de ses sujets passer à l'étranger, surtout s'il s'agissait de Paris. Herzen prit un biais : invoquant la santé de sa femme, il obtint un passeport pour l'Italie. Aussitôt sorti de Russie, sans s'arrêter en Allemagne, il se rend à Paris, où il est émerveillé par le prolétariat intellectuel de notre capitale à cette époque : ses « lettres de l'Avenue de Marigny », traduites sous le titre de « Lettres de France et d'Italie », portent la trace de ce sentiment, mais aussi des craintes que lui inspirait l'avenir : il prévoyait l'épanouissement de la bourgeoisie et de longues années de conflits et de luttes entre le travail et le capital au milieu desquelles toute notre civilisation risquait de tomber.

Un séjour en Italie, vers la fin de 1847, séjour au cours duquel il se lia avec Garibaldi, Mazzini, Orsini, lui apporta quelque réconfort. « J'ai vu » écrit-il, « le roi de Naples devenir souple et docile comme un animal domestique et Pie IX solliciter timidement l'amitié du peuple. La tempête qui a tout soulevé m'entraîne aussi. »

Rentré à Paris à la suite de la Révolution de février, Herzen y achète une maison où chaque jour il avait table ouverte pour les proscrits de tous pays. Mais les journées de juin ouvrent pour l'exilé une période de rudes épreuves : tout d'abord il sent toutes ses espérances s'effondrer devant le triomphe de la bourgeoisie ; il exhale son chagrin en termes amers dans ses « Lettres » et dans son opuscule : « De l'autre rive ». Il sonne le glas de la civilisation occidentale, estime que la bourgeoisie, incapable de se transformer, n'a réussi qu'à exaucer le vœu de Sieyès : devenir tout dans l'Etat, et ne travailler que pour sa propre classe. Les ouvriers, accablés par un labeur excessif, resteront éternellement dans l'ignorance et ce n'est pas d'eux que peut venir le salut. Seule, l'élite intellectuelle se nourrit d'utopies et fera bien de renoncer à ses chimères. « Ce qui est douloureux pour l'homme », s'écrie-t-il, « c'est qu'il ne voit pas, non seulement dans le présent, mais encore dans l'avenir, le port vers lequel il tend. C'est avec une triste inquiétude qu'il contemple le chemin infini qui s'étend devant lui et voit qu'après tant d'efforts, il est encore aussi loin du but qu'il l'était il y a mille ou deux mille ans ! » Et plus loin : « Notre siècle n'a pas le monopole de la souffrance. La pensée a toujours été impatiente ; elle veut tout saisir tout de suite, elle déteste attendre. Et la vie ne se contente pas d'idées abstraites, ne se presse point, hésite avant de faire un pas parce que ses faux-pas se corrigent difficilement. De là vient la position tragique de ceux qui pensent... » L'entourage de Herzen n'approuve pas ces réflexions pessimistes, et Proudhon lui déclare qu'en prêchant un regrettable « consummatum est », il devenait complice de la contre-révolution, « car en vérité, je vous le dis, rien n'est perdu. »

En 1851, une double épreuve atteignait Herzen: d'une part, le Gouvernement de Nicolas le sommait de rentrer en Russie, et, sur son refus, le dépouillait de tous ses biens en le privant de ses droits civils. Puis, en raison de sa collaboration avec la « Voix du Peuple » de Proudhon, le Gouvernement de Louis-Napoléon l'expulsait purement et simplement de France. Herzen se fit Suisse et se fixa à Nice, mais un naufrage lui ayant enlevé à la fois sa mère et un de ses enfants, il se rend en Angleterre, où il devait tourner son activité vers un nouvel objet ; la propagande par le journal.

*
* *

Grâce à l'aide d'émigrés polonais, Herzen put créer, à Londres, la première imprimerie russe ; c'était au printemps de 1853 ; le premier document sorti des presses fut une brochure consacrée à la question du servage ; dans la seconde, les droits du peuple Polonais étaient formellement reconnus : à l'instigation des meneurs polonais, Herzen adressait à l'armée russe une brochure pour lui demander de ne pas combattre contre les polonais si une révolte se produisait. Inutile travail : « pendant trois ans », devait avouer plus tard Herzen, « nous avons imprimé sans vendre une seule feuille ; à peine avons-nous pu en faire passer une ou deux en Russie. » D'ailleurs, ses amis le suppliaient de ne pas se livrer à une propagande vaine qui, en provoquant les rigueurs du gouvernement, rendait précaire leur situation dans l'Empire Moscovite.

Lorsque survint la mort de Nicolas, l'espoir surgit de voir s'accomplir quelques réformes. L'avènement d'Alexandre provoquait un état d'esprit nouveau et répondant aux désirs de ses compatriotes. Herzen publiait, avec cette épigraphe : « Tu as vaincu, Galiléen », une lettre ouverte au nouveau Souverain, le sollicitant de rendre la liberté aux serfs et de leur accorder des terres. « Au début », disait-il, « on se contenterait de ces concessions ». La démarche de Herzen ne fut pas du goût de tous ses amis, dont certains lui reprochèrent de s'être adressé à un pouvoir despotique en employant vis-à-vis de ce pouvoir des formules de prière qui répugnaient à leur sentiment.

En même temps qu'un annuaire, « l'Etoile Polaire », paraissait à l'imprimerie Russe une revue lancée à des intervalles rapprochés, c'était « Kolokol », la Cloche. Au deux publications était donnée comme épigraphe commune un vers de Pouschkine, « Vive la raison ! » Et à cette invitation au bon sens, Herzen resta fidèle. « Les révolutions », disait-il, « n'ont pas donné de résultats parce qu'elles n'ont pas agi sous le drapeau de la raison, ais sous celui des sentiments et des confessions plus ou moins fantaisistes ». « Il ne renonçait pas », continuait-il, « à ses convictions socialistes, mais appelait comme collaborateurs des publicistes de toutes nuances. » — Et ailleurs : « Rendus plus calmes par l'expérience, plus attentifs par nos souvenirs, nous avons salué l'aurore d'une ère nouvelle, nous l'avons accueillie sans aucune arrogance ; sans manifestation d'exigence et en laissant de côté les utopies de la jeunesse ; les problèmes que nous désirions voir réalisés se bornaient à la libération des serfs et à la liberté de parole, à la suppression de la censure, à la liberté de la justice. Nous demandions la fin des opérations secrètes des chancelleries et la suppression des peines afflictives pour le corps. » Le premier numéro de la « Cloche » est daté du 1ᵉʳ juillet 1857. Indépendamment des articles dans lesquels on y développait les sujets énumérés ci-dessus, la publication russe ouvrait une rubrique spéciale consacrée à la critique impitoyable de tous les méfaits de la vieille bureaucratie.

Bien que la circulation de la « Cloche » fut interdite, la publication pénétrait partout, dans les bureaux de la police, chez les fonctionnaires, au Palais Impérial même ; les rédacteurs du projet de libération des serfs l'avaient sur leur bureau et y puisaient des inspirations. Sans viser la suppression même de l'autocratie, Herzen, d'accord avec l'opinion moyenne du grand public se résignait, du moins provisoirement, à un absolutisme modéré, renseigné, qui s'astreindrait à écouter la voix

du peuple. Le succès de « Kolokol » fut complet.
De tous côtés, on lui envoyait de Russie des tex-
tes, on lui communiquait des faits qui étaient pré-
sentés de manière à provoquer les vœux les plus
justifiés pour l'anéantissement du vieil état de choses. « La Cloche » était, d'un côté, crainte dans
toute la Russie, et, de l'autre, tenue pour infailli-
ble ; elle était comme un tribunal de l'opinion publique. Elle constituait la lecture favorite de Ros-
totzev, l'ami intime d'Alexandre II, qui, informé
des abus qu'elle dévoilait, en châtia aussitôt les
auteurs. Tourgueneff rapporta un jour à Herzen
un exemple frappant de la terreur qu'inspirait son
journal. Les acteurs du Théâtre Impérial avaient
eu un différend avec leur directeur, et lui déléguè-
rent, en vue d'une entente, un des leurs ; ce dernier n'obtenant rien, s'écria qu'il se plaindrait à
« La Cloche ». Le Directeur céda aussitôt, par
crainte des atteintes de l'ironie de Herzen. « Tu
vois, ami », concluait Tourgueneff, à quel point
« La Cloche » est redoutée. » Tous les sujets étaient
abordés par le journal : Gortchakoff ne montrait-
il pas au Tzar un compte rendu d'une séance secrète du Conseil d'Etat, au cours de laquelle avait
été discutée la question de l'émancipation des
Serfs ?

Herzen qui, dans ses entreprises, avait pour
fidèle collaborateur son ami Ogarew, vit tout à
coup surgir un rédacteur inattendu dans Michel
Bakounine, qui, après avoir été traîtreusement

livré, à la suite des événements de 1848, par la Prusse à l'Autriche, puis, par l'Autriche à la Russie, avait, après trois condamnations à mort, subi l'exil en Sibérie, avait pu s'évader, et par l'Amérique, gagner l'Angleterre. Ce n'est pas que les vues des réfugiés fussent identiques en ce qui concernait la propagande à exercer : Bakounine aspirait ouvertement à une action révolutionnaire et à une lutte effective. Voici comment, dans ses Mémoires, Herzen envisage l'attitude de son compatriote : « A Londres, il commença par révolutionner « La Cloche » : en 1862, il nous faisait les mêmes reproches qu'à Bielinski en 1847. On y délaissait trop la propagande, en devrait l'amener absolument à l'action ; il serait nécessaire d'organiser des comités, de créer des centres ; il faudrait des « frères » complètement initiés et des demi-initiés ; une organisation russe, une organisation slave, une organisation polonaise. Bakounine trouvait que nous étions trop modérés, que nous ne savions pas profiter de notre position, et que nous n'étions pas assez enclin à l'emploi des moyens énergiques. D'ailleurs, il ne perdait pas courage et espérait toujours nous ramener dans la bonne voie. »

Ce que Bakounine appelait la bonne voie, c'était la préparation d'un mouvement révolutionnaire général qui prendrait naissance en Pologne et qui, de là, se communiquerait aux masses populaires des provinces occidentales de la Russie et les pousserait à se soulever aussi, non seulement contre le Gouvernement Russe, mais en même temps contre les propriétaires terriens et Russes et Polonais. L'exubérance de son tempérament entraînait Bakounine au-delà de tout programme raisonnable : ce qu'il y a à noter au sujet de la force de persuasion de l'agitateur russe, c'est qu'il réussit à faire partager ses illusions à Herzen comme à Ogarew, bien que ceux-ci se fussent réciproquement, et par avance, mis en garde contre l'action de leur fougueux compatriote.

« On sentait chaque jour », écrivait Herzen dans ses Mémoires, « l'orage qui devait éclater en Pologne. » En automne 1862, apparut à Londres Pothenia, officier russe qui avait combattu dans les rangs polonais et qui, entraîné par l'ouragan, venait passer quelques jours dans cette ville pour continuer ensuite son voyage. De plus en plus, nous arrivaient des Polonais de leur pays, et leurs discours étaient de plus en plus animés et violents. Ils allaient directement, sciemment vers la rupture. J'avais le terrible pressentiment qu'ils couraient à l'encontre d'un péril inévitable. »

Bakounine croyait à la possibilité d'une révolution militaire et d'un soulèvement des paysans en Russie ; nous aussi y avions foi, en partie. Le Gouvernement russe, lui-même, le croyait, ce qui, plus tard, est ressorti de toute une série de mesures officielles, des articles publiés dans la presse salariée, enfin, des exécutions nombreuses qu'il ordonna. Certes, il y avait fermentation, mais personne ne pouvait alors prévoir que cette surexcitation serait poussée jusqu'à un patriotisme féroce. »

« La Cloche », dans cette période de son activité, se tint tout d'abord dans les limites d'une manifestation sympathique pour le peuple polonais ; mais à la fin de 1862, elle publia des articles qui faisaient de Herzen un véritable agitateur : elle émettait l'opinion que la révolte polonaise et le mouvement russe poursuivaient un même but, le partage des terres et la liberté. La conclusion était qu'il fallait aider la révolution polonaise. Il y avait malentendu : on ne visait autre chose, chez les fils de Kociensko, que la réalisation d'une prétention historique · le rétablissement de l'ancienne Pologne. On chercha à détourner Herzen de son erreur ; Proudhon, dans une lettre à un publiciste russe, écrivait qu'il avait l'espoir de voir la fin de la haineuse aristocratie polonaise, qui, depuis plus de mille ans, scandalise l'Europe. « Que donnerai-je » poursuivait-il, « pour m'en entretenir avec notre cher Herzen. » Un ami de l'entourage de Herzen, un homme sorti du peuple, lui disait : « Il est bien inutile de vous mêler des affaires polonaises, qui n'en valent pas la peine. Les Polonais ont peut-être raison, mais leur affaire est une affaire d'aristocratie qui n'a aucun rapport avec les affaires de notre peuple ».

Au début de la révolte polonaise, on constata de la part des Russes une certaine sympathie pour les insurgés, mais une réaction ne tarda pas à se produire, dont les causes sont aisées à déterminer. Tout d'abord, l'attaque brusquée des Polonais eut pour résultat une grande effusion de sang dans les rangs des soldats russes ; puis furent divulguées les prétentions des insurgés sur des provinces qui se trouvaient au-delà des limites du royaume proprement dit ; on nota, d'autre part, des tentatives en vue d'amener un soulèvement en petite Russie ; et enfin les démarches faites par les représentants des grandes puissances irritèrent l'opinion publique russe. Si bien qu'en Russie l'opinion ne prit pas au tragique les mesures que le pouvoir prescrivit contre le mouvement de réformes, et qui se traduisirent par des mesures de rigueur de toute nature.

Si des critiques s'élevèrent contre l'action propolonaise de Herzen, on lui en voulait par ailleurs en Russie de son programme, tout de raison et de modération. « La Cloche » ne se vouait-elle pas à la défense du principe communal et à celui de l'exercice de l'administration dans tout le pays par les conseils généraux, du self-government des communes et des provinces, basé sur le principe électoral, enfin de la fédération libre de toutes les provinces de la Russie ? Et celà ne paraissait pas suffisant. Quoi, pas de révolution violente, pas d'effusion de sang : celà ne pouvait convenir aux jeunes émigrés qui gravitaient autour du directeur de « La Cloche », d'Ogareff et de Bakounine. On eut bientôt un autre grief contre lui : le 24 novembre 1857, Alexandre II avait signé un rescrit ordonnant la mise à l'étude d'un texte législatif intéressant la libération des serfs ; le 19 février 1861, paraissait le manifeste sanctionnant les mesures préparées. Entre les deux dates, Herzen avait suivi les hésitations de la Commission compétente, et avait souligné ses fluctuations dans la question de l'octroi des terres, corrélative de celle de la libération des serfs. Connaissant à fond la question, il proclama que les concessions de terres que l'on faisait aux paysans étaient insuffisantes, et que, par suite, leur libération ne saurait être complète : il en concluait que le Gouvernement ne voulant pas suivre le pays dans ses aspirations, la suppression s'imposait du pouvoir autocratique. Néanmoins, au lendemain de la promulgation du rescrit, Herzen crut devoir rendre hommage au Czar, et il écrivit : « Alexandre II a déjà fait beaucoup ; son nom est déjà placé plus haut que celui de ses prédécesseurs ; il a lutté au nom de l'humanité et de la souffrance contre une bande composée d'hommes de proie et il l'a maîtrisée. Nous le saluons du nom de « Libérateur », Les critiques qui avaient, quelques années auparavant, accueilli son adresse à Alexandre II lors de son avènement, se produisirent, plus vives encore, et la vogue de « La Cloche » allait se heurter à toute une série de circonstances qui, combinées avec les attaques que valait à Herzen son attitude dans les diverses questions énumérées ci-dessus, devaient causer la ruine de la publication dont le succès avait provoqué la surprise générale. Comme le constatait en son temps M. de Mazade, « c'était l'époque où les Assemblées nobiliaires votaient les adresses pour demander une constitution, où les journaux, échappant à toutes les répressions d'une censure multiple, commençaient à parler et où, du fond de l'exil, M. Her-

zen, par les divulgations audacieuses de « La
Cloche », par une propagande dont tout le monde
était plus ou moins complice, exerçait un ascen-
dant étrange, quoique clandestin, si étrange qu'on
ne jurait en Russie que par le nom de l'émigré
agitateur. Le Gouvernement lui-même, moitié entraîné, moitié alarmé, hésitait, ne sachant plus que
faire, flottant entre des tendances qu'il avait le
premier favorisées par l'émancipation des paysans,
et la politique de réaction, que lui soufflait ses
conseils, entre le sentiment vague d'une œuvre de
réforme à poursuivre et la crainte effarée des
symptômes qui se multipliaient autour de lui. »

En face de Herzen, qui, naturellement, exploi-
tait ces éléments de trouble, de dissolution, se
dressait Michel Katkoff, qui dans le « Messager
Russe » publiait une série d'articles dans lesquels
il faisait ressortir ce qu'avaient d'utopique les
idées de Herzen ; soutenu par toute la presse russe,
il réussit rapidement à accaparer l'influence que,
jusqu'alors, l'exilé exerçait sans conteste sur l'opinion. Et lorsque Katkoff passa du « Messager » à
la « Gazette de Moscou », il devenait l'organe de
toute une situation : la mort de Nicolas avait marqué la fin d'une époque de répression, de compression et, tout naturellement sous un régime
moins étouffant, devaient se faire jour mille aspirations, mal définies, fruit de la lassitude de l'écrasant régime de Nicolas, allaient se produire des
idées libérales, des idées démocratiques et même
socialistes. La confusion était extrême; elle resta
telle jusqu'au jour où éclata l'insurrection polo-

naise. Faisant masse des arguments que lui fournissaient et les tentatives imprudentes des Polonais pour soulever la Petite-Russie, et les prétentions des immigrés sur certains territoires incon-
testablement russes, et les démarches de la diplomatie européenne, bien faites pour provoquer une
crise de nationalisme, Katkoff soulevait une de ces
sautes de vent si fréquentes en Russie et, très rapidement, profitait de l'anxiété où la plongeaient
les problèmes de l'heure présente pour lui mon-
trer comme objectif unique et immédiat la restauration de l'unité nationale. La veille, tout le
monde voulait être libéral, même socialiste,
avec Herzen ; le lendemain tout le monde passe
à la réaction, avec le même entrain, mais
sous l'impulsion de Katkoff, le fougueux et
redoutable rédacteur de la « Gazette de Moscou ».
L'impulsion donnée, tout suit : on va jusqu'à ouvrir une souscription en faveur du publiciste
nationaliste et à ce propos un des principaux
membres de la noblesse de Moscou s'écrie : « Il a
rendu des services qui subsistent : il a écrasé la
tête du serpent qui empoisonnait le cœur de notre
peuple ; il a brisé l'autorité de Herzen. Et nous
savons que c'est là pour nous un service inappré-
ciable, surtout pour nos plus jeunes camarades
qui ne s'occupaient que trop des publications de
Londres »...

Une fièvre d'incendies désolant toute la Russie, tout comme en 1834, M. Katkoff voit, dans
ces attentats, le résultat d'une vaste et mystérieuse
conspiration qui s'étend partout, jusqu'aux Cosa-

ques du Don, qui a son centre à Paris, à Londres, à Genève, qui embrasse dans une même œuvre de destruction « Herzen et ses vauriens », les immigrés polonais, cela va de soi, mais peut-être aussi le Comité franco-polonais créé à Paris et qui comprend des incendiaires de marque tels que le duc d'Harcourt et M. Saint-Marc Girardin.

Ceci devait tuer cela : au fur et à mesure que grandissait l'influence de Katkoff, le tirage de la « Cloche » baissait au point de tomber, à la fin de 1863, de 2.500 à 500 exemplaires. Enfin, ce tirage ne devait plus jamais dépasser mille. La carrière politique de Herzen était au surplus terminée ; une mort prématurée, survenue en 1870, devait mettre obstacle à de nouveaux emplois de son activité.

Si l'on a pu dire de Herzen qu'il avait été le premier Russe qui se soit appliqué à faire connaître son pays à l'étranger, comment, par contre, apprécia-t-il les peuples au contact desquels il vécut, quelles impressions subit-il de leur contact, quelles furent ses préférences ?

Au sujet de l'Angleterre, et bien qu'il y ait vécu un très long temps, il est neutre, ne laisse paraître ni sympathie ni antipathie. Pour l'Italie, il marque avant 1848 un réel enthousiasme, mais qui ne l'amena pas, malgré une réelle inclination pour le personnage, à s'enrôler sous la bannière de Mazzini.

Pour ce qui est de la France, les impressions de jeunesse qu'avaient fait naître en lui et les souvenirs de la Révolution et ses relations suivies avec les Saint-Simoniens, vont s'estompant avec les années, et la faillite de la Révolution de 1848 provoque chez lui les plus amers ressentiments : il exhale sa plainte dans ses « Lettres de France et d'Italie », et en termes tels qu'on a pu le qualifier de Gallophobe. Dans une pareille appréciation, il y a exagération manifeste : mais ce qu'il y a de certain, c'est que s'il se détourna de notre pays, ce ne fut pas pour l'Allemagne et l'on pourrait bien plus justement le qualifier de Germanophobe si l'on se réfère à certains passages de ses Mémoires. Parle-t-il de l'Armée Russe ? « Depuis Anna, sur le trône, autour du trône, toujours des Allemands ; les généraux sont Allemands, les ministres, les boulangers, les pharmaciens sont Allemands ; partout des Allemands à satiété... De tous les Allemands, les Russes germanisés sont les plus durs. Souvent, l'Allemand pur sang se montre chez nous naïf, parfois même plein de condescendance pour les barbares qu'il a mission de civiliser, mais le Russe germanisé considère le peuple avec l'éloignement d'un parent qui a honte de sa famille. L'un et l'autre sont pleins du sentiment de leur supériorité sur le véritable Russe qu'ils méprisent profondément. Tous deux sont convaincus qu'on ne peut tirer quelque chose de nous qu'à force de coups de bâton. En Russie, on découvre une Allemagne russe, qui s'étend si loin que son centre est à Pétersbourg, et que les points de sa circonférence sont partout où se trouve un uniforme, un secrétaire, une chancellerie. Les véritables Allemands forment le moyeu du cercle, mais les rais ce sont les Russes germanisés, les nobles qui unissent le nez épaté du Russe aux pommettes saillantes des Mongols et se recrutent parmi des savants et des ignorants, des chefs d'escadron, des journalistes, des fonctionnaires. Les premières places sont pour eux, mais quand on n'a pas à se mettre sous la main des Allemands sans alliage. Les Allemands d'Allemagne, ainsi d'ailleurs que les Russes germanisés, considèrent la Russie comme une « tabula rasa », comme une feuille de papier blanc, mais ils ne savent trop qu'écrire dessus, se contentent d'y apposer un timbre et de transformer ainsi le papier blanc en papier timbré qu'ils ornent de toutes sortes de titres et, de préférence, d'actes de vente et d'achat de serfs. »

Sur les procédés du Patron Allemand vis-à-vis de l'ouvrier russe, il a fait un récit émouvant. « Je me rappelle, dit-il, un fabricant de bronzes de la rue Leontieff : c'était un Allemand, fade, qui avait les dents gâtées. Il était âgé de 35 ans, s'habillait très proprement et chez lui se comportait toujours fort convenablement, mais à son atelier, il avait toujours à la portée de la main une courroie, et, comme un planteur américain, il ne cessait de fouetter tantôt celui-ci, tantôt celui-là. Malheur à qui regimbait ; il était doublement rossé. Je ne crois pas cet homme féroce de nature ; il continuait avec conviction l'œuvre de Pierre-le-

Grand en faisant pénétrer la civilisation européenne dans la tête du moujik à coup de knout. Le Russe, disent les Allemands, est une brute que seul le fouet peut mater. Quand, pour se soustraire à l'intendant allemand, le jeune moujik entre dans l'armée pour sept ans, il tombe, comme on dit en russe, du feu dans le fleuve : il se trouve en face de ce système allemand de dressage qui tend à faire du soldat un être docile, mais sans raisonnement, et qui a pour point de départ ce supplice des verges, qui consiste à faire courir le patient entre deux haies d'hommes qui, au passage, lui labourent le dos de coups. »

Au fond, Herzen était Russe avant tout : personne ne songe à le lui reprocher.

*
* *

Et si en présence d'une carrière aussi agitée, il fallait formuler un jugement définitif sur le personnage, un premier mouvement, malgré l'évidente sympathie qu'il inspire, nous porterait à nous récuser : et en effet, chez Herzen il est difficile, quelque séduisant que se présente l'aspect sous lequel on l'envisage, quelque accentués que soient certains des traits que l'on saisit, d'embrasser l'ensemble d'une personnalité éminente chez laquelle le talent surpasse la moyenne. Si différentes ont été les situations dans lesquelles il s'est trouvé placé, si dramatiques les incidents de sa vie, si accusé le développement de sa personne morale, que décevant serait le travail de celui qui chercherait à donner de l'unité à un être qui, au contraire, et ce fut son honneur, voyait le devoir lui apparaître sous des couleurs différentes, et qui, quels que fussent les aspects successifs sous lesquels il apparaissait, lui resta toujours consciencieusement fidèle.

Ne peut-on dire de lui qu'il fut un grand moraliste ? Il proclama sans cesse la sainteté de la personnalité humaine et c'est là l'origine d'hésitations qu'on lui a reprochées : il ne pouvait se résigner à préconiser les moyens violents, il ne pouvait consentir à conseiller de verser le sang d'autrui. Comme sociologue, il enseigne que l'évolution des institutions ne peut se produire que très lentement et que pour arriver, dans cette évolution, à des progrès définitifs, il est nécessaire de préalablement travailler à l'éducation des masses populaires.

Il fut surtout un patriote forcené : ce fut pour mieux la servir qu'il quitta cette Patrie où, dans la vie privée comme en dehors du cercle de son foyer, il ne rencontra qu'injustice, déboires, où à chaque pas il se heurtait à quelque monstruosité qui blessait cruellement sa sensibilité — par exemple l'application sur l'ordre personnel de Nicolas I de 8.000 coups de verges à un patient qui, de notoriété publique, était mort à quatre mille. Il n'en aima que davantage le peuple russe, il avait foi dans ses destinées et si l'on a pu dire de lui qu'il fut le premier des socialistes russes, l'excès des douleurs qu'il souffrit avec lui ne lui est-il pas une valable excuse ?

Herzen avait eu de nombreuses occasions de s'exprimer concernant ces différents points sur le ton qu'attendaient de lui les jeunes et fougueux émigrés qui, à Londres, réclamaient de lui la bonne parole ; il eut pu, en lançant des appels démagogiques à la Bakounine, ramener à lui la popularité qui le fuyait, mais il tenait à rester fidèle à ses convictions, et voilà ce qui le déposséda de la direction du parti de la libération en le faisant passer à des mains moins délicates : accablé, comme on l'a vu plus haut, par Katkoff et ses amis, il devait être supplanté fatalement par d'autres et Bakounine se trouva tout désigné pour jouer un rôle qui aboutit aux pires violences que ce dernier prévoyait, qu'il n'appelait peut-être pas de ses vœux, mais qu'il excusait par avance quand il disait « qu'il fallait avoir confiance dans le peuple, qu'il était juste qu'il prit sa revanche, qu'il avait été assez trompé, berné, exploité, pour avoir le droit de se venger n'importe comment ; que ses excès avaient été provoqués par d'autres, bien autrement coupables ; que tous les régimes politiques, toutes les législations ont leur origine dans la violence et n'ont eu recours à une moralité ultérieure que pour faire garantir à une minorité oppressive le fruit de ses rapines. Cette moralité comme l'ordre qu'elle défend est artificielle, la moralité vraie ne peut être que l'œuvre de tous les hommes égaux et libres : si, avant de l'établir, ils commettent des erreurs, des excès, c'est une fatalité par laquelle il faut passer ; nul ne possède une justice ni une sagesse supérieures à l'ordre naturel des faits qui puisse lui donner le droit de juger les autres hommes et de leur fixer leur ligne de conduite (1). »

Dans les événements dont à l'heure présente la Russie est le théâtre, ne voit-on pas clairement deux influences lutter et alternativement prédominer ? Celle des hommes parmi lesquels Herzen aujourd'hui n'hésiterait pas à se ranger, et celle des partisans de Bakounine.

On n'a pas besoin de désigner autrement l'influence à laquelle, dans l'intérêt de la Russie comme de la civilisation, nous devons souhaiter que la Révolution actuelle obéisse.

Mars 1918.

----

(1) A. Richard : *Bakounine*, « Revue de Paris » du 1er septembre 1896.

CHAPITRE VIII

A CURTEA DE ARGESCH
SAINT-DENIS DE LA ROUMANIE

———

Huit heures du matin : Un chaud soleil de mai
sèche le sol qui vient d'être largement arrosé par
le plus bienfaisant des orages ; la gare de Bucarest est en émoi : vers elle, de toutes parts, arrivent en trombe de ces voitures traînées par de superbes attelages russes et conduites par ces mou-
jiks, à la vaste houppelande de velours bleu de
rói, qui sont une des curiosités de la capitale : au-
devant des voyageurs s'élancent de gracieuses fil-
lettes aux grands yeux noirs, offrant à qui mieux
mieux roses et glaïeuls ; vers le quai se hâtent des
hommes mûrs, des jeunes filles, des ministres en
activité, des hommes d'Etat en disponibilité,
quelques diplomates étrangers, de rares officiers,
au total trois cents personnes environ ; tout le
long du train, composé d'élégants wagons-salons,
ce ne sont qu'échanges de compliments, de con-
gratulations sur la pluie de la nuit qui a certainement enrichi le pays d'une bonne centaine de millions. De vieux amis de collège, des camarades du
temps de l'Université se reconnaissent après vingt,

trente ans de séparation ; des présentations s'opè-
rent entre indigènes et étrangers... Quels sont
donc ces personnages si chaleureusement accueil-
lis ? Sont-ils vraiment des étrangers à Bucarest,
ces hommes d'allures, de physionomies si rou-
maines, parlant le roumain avec tant de facilité ?
Le mot de l'énigme, le voici : ce sont là des Roumains, de vrais Roumains, ce sont les représentants de quatre millions de leurs compatriotes
qu'une injuste destinée condamne à vivre sous
une loi de fer et soumet à la dure domination du
Magyar ; ce sont les Alsaciens, les Danois, les
Polonais de l'Europe Orientale, de qui, chaque
jour, les journaux de Bucarest, Jassy, Galatz, dé-
crivent les souffrances et enregistrent les plain-
tes ; c'est l'élite de ces populations qui se sentent
invinciblement attirées par un aimant dont l'at-
traction s'exerce vers l'Est ; ce sont les membres
roumains des corps enseignants de Hongrie et
même d'Autriche qui, après avoir répondu à l'appel fraternel de l'Académie de Bucarest, et consacré plusieurs semaines à des études en commun,
avant de quitter la Roumanie, tiennent à accomplir un patriotique pèlerinage : Curtea de Argesh
est, en effet, le but offert à la caravane qui, sous
le hall de la station, attend le signal du départ.

Bientôt le train file à toute allure au travers

d'une des plus belles parties de la Roumanie : à droite et à gauche de la voie, ce ne sont que vastes étendues d'une terre noire, merveilleusement fertile, couverte alternativement de blés déjà hauts et de plants de maïs à peine émergeant du sol. Et à tout venant s'offrent au regard les humbles demeures des travailleurs ruraux, constructions qu'on voit en quelques jours émerger du sol et qui, toujours, depuis Buda-Pesth jusqu'à Constanza, affectent un modèle unique : sur quatre forts poteaux, un toît de roseaux, puis des murs en terre battue, percés d'étroites ouvertures, dont une porte qui permet aux enfants, comme à ce qu'après ceux-ci le paysan considère comme son bien le plus précieux, aux porcs, de venir s'abriter près du foyer. Au dehors, et du côté opposé à celui d'où souffle le vent froid, un rudimentaire appenti pour les bêtes à cornes. De loin en loin, une maison bourgeoise, toute blanche, étalant son unique étage dans la plaine, attendant souvent des années la visite d'un maître que ses goûts, ses occupations ou ses plaisirs retiennent souvent trop longtemps pour ses intérêts, soit à la ville, soit à l'étranger.

A cent kilomètres de la capitale, l'aspect de la campagne change et, très rapidement, les ondulations se muent en collines ; bientôt se fait sentir l'influence de la haute montagne : le chalet fait son apparition et le pin silvestre remplace le chêne. A Pitesti, où le passant adresse un salut patriotique à la demeure familiale des Bratiano, le train bifurque, et, abandonnant la ligne qui mène à Buda-Pesth, Vienne, Munich et Paris, réduit sa vitesse, et tout en s'élevant graduellement au-dessus de la plaine, suit les méandres d'un torrent tumultueux : l'Argesch.

Tandis que la basse plaine Valaque, s'étendant au Sud des Carpathes, se voyait, au moyen-âge, fréquemment ravagée par les bandes de pillards, qui, sous prétexte de politique, se livraient tout simplement à la rapine, une série de monastères s'élevaient au flanc de la montagne, formant comme une suite de refuges aux éléments chrétiens qui mettaient à profit le manque d'approvisionnements, la difficulté des communications, l'appui de montagnards énergiques, pour écarter les envahisseurs. Tel fut le cas de Curtea (Cour), qui vit sa principale église surgir de terre au début du xvi⁰ siècle. C'est à un prince de la maison de Bessarab, qu'est dûe l'érection de cette Basilique, à Neagoc ; c'est là un fait indiscutable, mais la légende se combine avec la réalité pour ce qui concerne l'artiste, dont le nom est inséparable de celui de Curtea, je veux parler de l'architecte Manol. Originaire de Grèce, il se fit tout d'abord connaître en Espagne, où on lui attribue la chapelle des Carmélites de Séville. A la suite d'un drame d'amour, Manol se rendit à Constantinople, non sans s'arrêter à Naples, en Sicile, au Caire, et ce fut des bords du Bosphore qu'il fut appelé à Curtea. Ses débuts n'y furent pas heureux : les murs qu'il faisait édifier le jour s'effondraient la nuit. Par bonheur, Manol eut un songe : il apprit que tout irait bien s'il emmurait, dès le lendemain

matin, la première femme qu'il rencontrerait. Et
ce rêve, n'était-il pas dans l'ordre des choses ?
Dans tout l'Orient, en effet, régnait une croyance
superstitieuse, d'après laquelle un édifice en construction ne peut bénéficier d'une base solide que
moyennant le sacrifice d'une vie humaine. Et
voilà pourquoi, à Babylone, on trouve souvent
des squelettes humains encastrés dans la maçon-
nerie et qu'en Palestine, au cours de fouilles rela-
tivement récentes, des enfants ont été découverts
dans de grands pots de terre en forme de sacs.
Ailleurs, au lieu de cadavres on se heurte à des
godets de lampe, symboles de la lumière, de la
vie. Pour ce qui fut de Manol, quand il passa du
rêve à la réalité, ce fut sa propre femme, la douce
Ama, qui devint sa victime.

Alecsandri, le poète roumain, que son pays nous
fit, il y a quelques vingt ans, l'honneur de nous
envoyer comme Représentant, aborda la légende
de Manol : il l'a fait avec trop de talent pour que
nous n'essayions pas, malgré le tort que toute tra-
duction inflige à l'original, d'en donner une idée :

Le long de l'Argesch, sur un beau rivage, passait Negru Voda, avec ses compagnons, neuf maîtres maçons, et Manol, dixième, à tous supérieur.
Voici qu'en chemin, ils firent rencontre d'un
jeune berger, jouant de la flûte, jouant de « doïnas », et l'apercevant, le Prince dit : « Gentil ber-
geret, joueur de doïnas, tu as remonté le cours de

d'Argesch avec tes moutons, tu as descendu le cours de l'Argesch avec ton troupeau : n'aurais-tu pas vu, par où tu passes, un mur délaissé et non achevé dans le vert fouillis des noisettes ? » — « Oui, Prince, j'ai vu où j'ai passé, un mur délaissé et non achevé ; à sa vue, mes chiens se sont élancés en hurlant à mort, comme en un désert. » Le Prince, à ces mots devient tout joyeux et repart soudain, allant droit au mur avec les maçons, les neuf maîtres maçons et Manol, le dixième, à tous supérieur. « Voici le vieux mur, ici je choisis un emplacement pour un monastère. Or, vous, mes maçons, mes maîtres maçons, jour et nuit, en hâte, mettez-vous à l'œuvre, afin de bâtir ici un beau monastère sans pareil au monde. Vous aurez richesses et rang de boyard, sinon par Dieu, je vous fais murer tout vivants dans les fondements.

Les maçons, en hâte, tendent leurs ficelles, prennent leurs mesures, creusent le sol. Bientôt, ils bâtissent, bâtissent un mur, mais tout le travail du jour dans la nuit s'écroule, le deuxième jour de même, le troisième de même, le quatrième de même. Leurs efforts sont vains, car tout le travail du jour dans la nuit s'écroule. Le Prince étonné leur fait des reproches, puis dans sa colère, de nouveau menace de les murer tous dans les fondations. Les pauvres maçons se remettent à l'œuvre et travaillent en tremblant tout le long d'un grand jour d'été. Voilà que Manol quitte ses outils, se couche, s'endort et fait un rêve étrange, puis soudain se lève et dit ces paroles : « Vous, mes compagnons, les neuf maîtres maçons, savez-vous quel rêve j'ai fait ? Une voix du ciel m'a dit que tous nos travaux iront s'écroulant jusqu'à ce qu'ensemble nous jurions ici de murer dans le mur la première femme, épouse ou sœur, qui apparaîtra demain à l'aurore, apportant du vin pour l'un d'entre nous. Si donc vous voulez achever de bâtir ce saint monastère, monument de gloire, jurons tous ensemble de garder le secret, jurons d'immoler, de murer la première femme, épouse ou sœur, qui apparaîtra demain à l'aurore. Tous jurèrent.

Voilà qu'à l'aurore, Manol s'éveille et en s'éveillant grimpe aussitôt sur la haie, puis monte sur l'échafaud et regarde au loin les champs et la route, mais qu'aperçoit-il ? C'est sa jeune épouse, la Flora des champs, qui s'approche et lui apporte des mets et du vin. Manol la voit, sa vue se trouble, et, saisi d'effroi, il tombe à genoux, joint les mains et dit : « O Seynem, mon Dieu, répands sur la terre une pluie écumante, qui trace les ruisseaux, creuse les torrents, que les eaux se gonflent pour inonder la plaine et forcent ma femme à rebrousser chemin. »

Dieu le prend en pitié, et sa prière déchaîne un grand vent du ciel sur la terre ; le vent souffle, siffle, tords les platanes, dépouille les sapins, renverse les montagnes, mais il ne peut arrêter l'épouse qui, toujours avance, fait de longs circuits, mais toujours approche, approche, malheureuse, du terme fatal.

*
* *

Pourtant les maçons, les neuf maîtres maçons éprouvent à sa vue un frisson de joie, tandis que Manol, la douleur dans l'âme, la prend dans ses bras, grimpe sur le mur, l'y dépose, hélas ! et lui parle ainsi : « Reste, fière amie, reste ainsi sans crainte, car nous voulons rire, pour rire te murer. » La femme le croit, rit de bon cœur, tandis que Manol, fidèle à son rêve, soupire et commence à bâtir le mur : La muraille monte, monte et couvre l'épouse jusqu'à la cheville, jusqu'au genou, mais elle, la pauvrette, a cessé de rire : saisie d'effroi, elle se lamente ainsi : « Manol, maître Manol, assez de ce jeu, car il est fatal. Manol, ô maître Manol, le mur se resserre et brise mon corps. » Manol se tait et se bâtit toujours. Le mur monte encore et couvre les chevilles de l'épouse, puis ses genoux, puis son sein, mais elle, ô douleur, pleure amèrement et se plaint toujours... « Manol, ô maître Manol, assez de ce jeu, car je vais être mère. Le mur se resserre et tue mon enfant, mon sein souffre et pleure des larmes de lait. »

Mais Manol se tait et bâtit toujours : le mur monte encore et couvre l'épouse jusqu'à ses hanches, jusqu'à son sein, jusqu'à ses yeux, jusqu'à sa tête, si bien qu'aux regards elle disparaît et qu'à peine encore on entend sa voix gémir dans le mur : « Manol, Manol... le mur se resserre, la vie s'éteint. »

Le long de l'Argesch, sur le beau rivage, Negru Voda vient faire ses prières au saint Monastère, monument de gloire sans pareil au monde ; le grand prince arrive et parle ainsi : « Vous, les architectes, les maîtres maçons, déclarez ici, la main sur le cœur, si votre science peut me construire un autre monument, monument de gloire plus grand, plus beau... »

Les maîtres maçons, les architectes, perchés sur le toit, se sentent à ces mots tout joyeux et fiers : ils répondent : « Il n'existe pas sur terre pareils à nous dix, les dix maîtres maçons. Sachez qu'à nous dix, nous pouvons bâtir un autre monastère plus grand, plus beau ». Le Prince à ces mots devient tout pensif, puis avec un méchant sourire, soudain, il ordonne qu'on brûle les échelles et l'échafaudage et qu'on abandonne, là-haut, sur le toit, les pauvres maçons, afin qu'ils expirent. Mais eux, à l'instant, sans perdre la tête, tiennent conseil et se construisent des ailes volantes, avec des planchettes, puis les étendent et volent dans l'air. Mais, hélas ! ils tombent et après leur chute se changent en pierres.

Or, maître Manol, juste au moment où il prend son élan, voici qu'il entend sortir des murailles une voix chérie, faible et étouffée, qui pleure et gémit et se plaint ainsi :

« Manol, Manol, ô maître Manol, le mur froid

m'oppresse et mon corps se brise et mon sein s'épuise et ma vie s'éteint. »

A ces mots touchants, Manol pâlit, son esprit se trouble, ses regards se voilent, il voit tout tourner, ciel, terre, nuages... Et du haut du toit, il tombe soudain, la place où il tombe se creuse en fontaine d'eau claire, amère et salée, eau mêlée de larmes, de larmes amères...

*
* *

Tandis que la triste histoire de la lamentable épouse de Manol a fait, il y a quelque vingt ans, le sujet d'un drame en allemand, dû à la plume de Carmen Sylva, cette légende a pris place dans la littérature, non seulement de la Roumanie, dont plusieurs poètes l'ont choisie pour thème, mais également de la Serbie, de la Grèce, de la Bulgarie, ou de la Hongrie. Tantôt il s'agit d'un château, tantôt d'un pont, tantôt d'une forteresse.

Le sortilège devait-il opérer pour l'éternité ? La question ne se pose pas pour l'œuvre de Manol, dont il ne reste plus pierre sur pierre. Et cependant, sur l'emplacement de la basilique primitive, c'est-à-dire sur un des rares points du territoire roumain où jamais l'étranger n'a pris pied, le premier souverain de Roumanie a tenu, par une initiative qui fut celle d'un homme de goût comme d'un politique, à édifier un monument ayant toutes chances, non seulement de défier grâce à sa solidité l'injure des ans, mais aussi de séduire l'imagination, tant par l'élégance de ses formes que par la richesse des matériaux employés. Aussi bien, la conception des plans, comme leur exécution, furent-ils confiés à notre distingué compatriote, M. Leconte du Nouy, qui, transposant dans l'échelle des temps, un heureux ensemble des conditions de forme, de couleur, d'harmonie, a réalisé, selon toutes probabilités, le rêve du Voïvode d'il y a quatre cents ans.

Aux pieds des Carpathes, au milieu d'une prairie qui s'étend sur la rive gauche de l'Argesch, apparaît la superbe église de Curtea, comme révélée par la magie d'un conte fantastique, ornée de sveltes colonnes, cerclée de blanches corniches de marbre, scintillante comme un joyau ; et à l'intérieur, c'est une profusion éblouissante de marbres de toutes couleurs, qui surprend quelque peu les rétines d'occident, mais dont l'ordonnance fait de ce monument l'un des plus remarquables de l'Orient chrétien.

Tout autour de l'église, l'œil se porte successivement sur l'emplacement de la sépulture de Radul Negru, le prince populaire, sur les ruines dissimulées dans les herbes hautes du Palais des Bessarab et enfin, sur une éminence où se dresse le Palais Archiépiscopal, bâti en même temps que l'église : c'est dans une de ses salles que l'Académie invita ses hôtes à un banquet, auquel rien ne manqua, ni une chère exquise, ni, ce qui importait davantage, des discours au cours desquels se donna libre carrière le patriotisme et des invités et de leurs hôtes.

Un maître de la diplomatie française caracté-

risait comme suit, en 1848, le nom Roumain :
« c'est, disait-il, ce travail politique des savants et
des écrivains de la Valachie, de la Transylvanie,
de la Bessarabie et de la Bukovine, pour la réunion des huit millions de Roumains qui ont survécu à dix-sept siècles de cruelles épreuves. Du
point de vue du principe de la nationalité, fondé
sur l'idée de races, ce peuple mutilé ne forme, dès
à présent, qu'un seul corps et le vaste territoire
qui le contient dans son unité s'appelle la Roumanie, sinon dans la langue des traités, du moins
dans celle du patriotisme ».

Longtemps la Transylvanie, ce pays ouvert à
toutes les idées généreuses, où l'on prête intérêt
à la propagande luthérienne, où Louis XIV trouva
des alliés, Voltaire et Rousseau des admirateurs,
fut le conservatoire de la langue roumaine : tandis qu'à Bucarest fleurissaient des écoles grecques, que l'influence russe prédominait en Valachie, les Roumains transylvains eurent conscience
que le dépôt de la langue nationale était entre
leurs mains : ils s'entourèrent d'une vénération
profonde, et, phénomène surprenant, ni les Mad-
gyars en prirent ombrage, ni les Roumains se servirent de la langue comme d'une arme contre
leurs dominateurs. Il fallut pour que cette situation fut abolie l'héroïque insanité du paysan Hora,
qui prétendit, follement, faire l'unité roumaine,
prit le titre d'Empereur de Dacie, remporta tout
d'abord d'éclatants succès en Transylvanie, puis
battu par les Impériaux, paya de sa vie sa patriotique initiative.

Et lorsque plus tard, un groupe d'étudiants roumains voulut travailler à la propagation, ou plutôt à la consolidation de la grande idée, que disaient-ils ?

Ils parlaient comme l'ancien député Djuvara, qui s'exprime ainsi (1) : « L'origine de la nation roumaine de notre temps est dans les Carpathes et la terre de Transylvanie est la mère des Roumains. Non seulement la Transylvanie est le berceau de notre nationalité, mais elle est le point de départ de notre génération : c'est là que s'est formé la conscience nationale, c'est de là qu'est partie la renaissance de la langue et de la littérature des Roumains. Renoncer à voir des frères dans les Roumains de la monarchie austro-hongroise, serait manquer au plus humain des devoirs ; ne pas défendre ses frères lorsqu'ils sont traqués sur la terre de leurs aïeux, ne pas les soutenir dans la bataille inégale qu'on leur livre dans ce pays, qui fut notre patrie commune, c'est manquer au devoir le plus sacré, c'est souscrire au premier acte de déchéance de notre nation ».

Ce sont bien là les pensées qui fermentaient certainement dans le cerveau des pèlerins de Curtea de Argesch, quand au retour de l'inoubliable excursion, tandis que le soleil disparaissait graduellement au delà des Alpes de Transylvanie, ils cédaient un moment à la fatigue d'un long jour d'été ; et qui nous dit que ces paroles de M. Djuvara, ils ne se les répétaient pas, lorsqu'à la gare

(1) *Hongrois et Roumains*, Paris 1895.

de Bucarest ils prenaient congé les uns, les autres ; les uns, ceux qui restaient dans la patrie libre et forte, les autres, ceux qui reprenaient le chemin de l'exil, la route poudreuse d'où leur œil ne cessait pas d'être tendu vers l'Est, vers les cols lointains d'où déboucheront un jour les cohortes libératrices...

Mai 1913.

CHAPITRE IX

EN CRIMÉE

Une vingtaine d'heures de traversée, un peu
plus un peu moins suivant les paquebots, sépa-
rent Odessa de Sébastopol. Quelle que soit la ligne
de navigation adoptée, les troisièmes et quatriè-
mes classes donnent toujours un spectacle qui
ne doit pas être négligé. C'est, accroupi contre un
bastingage, un Turc : le chef orné d'un large tur-
ban, la face à la fois placide et farouche, les jam-
bes demi-nues, une longue pipe à la bouche, les
doigts perpétuellement occupés à égrener un chapelet de gros grains d'ambre, il rêve, à quoi ?
peut-être aux vicissitudes que traverse l'Islam, à
celles qu'il trouvera certainement, au paradis de
Mahomet et à ses félicités, peut-être à rien. Des
Tartares circulent ; leurs traits réguliers, leurs
profils helléniques, leurs yeux noirs démentent
l'origine qui leur est attribuée et trahissent en eux
les descendants islamiques des anciens posses-
seurs, ou grecs, ou barbares de la Tauride d'avant
le voyage épique de la grande Catherine. Voici
quelques femmes turques qui ne cachent qu'à
regret leurs visages envahis par la graisse, mais
évitent cependant de rejeter en public les voiles,

de propreté plus que douteuse, dont elles s'entourent la tête. Et à côté de grecques portant avec aisance et distinction le costume occidental, un vieux juif vêtu d'une longue lévite : il porte des oreilles de chien en avant des tempes à la mode de ses coreligionnaires de Lemberg ou de Varsovie, baisse les yeux en psalmodiant des versets du Livre Saint : toute son attitude appelle plus la pitié que le mépris, tant elle évoque le souvenir de souffrances accumulées et la réalité de craintes trop justifiées par la répétition si fréquente d'odieux « progroms ». Et comme pour achever de compléter cet échantillonnage de tous les spécimens de l'humanité, des soldats moscovites au type Kalmouk et des paysans russes aux yeux naïvement ébahis, se pressent autour d'un être sans âge ni sexe, assis sur les talons, vêtu d'une robe d'indienne rose et d'un pantalon assorti, serré aux chevilles : ou une tzigane qui, une courte pipe happée par ses dents noires, dit la bonne aventure à ses clients de rencontre, exploitant la crédulité humaine ou plutôt répondant à ses appels aussi naïfs, aussi pressants sur la Mer Noire qu'aux bords de la Seine ou du Tibre.

Les voyageurs des premières pour qui ces spectacles divers n'offraient aucun attrait, ce sont des marchands qui courent à la fortune, des touristes, plus rares, qui recherchent le pittoresque, et des officiers, plus nombreux, qui rentrent à Sébastopol. Si l'amour du déplacement est chez eux certainement encouragé par la sévérité de la vie de garnison, ils évitent de frayer avec les mar-

chands à moins que ceux-ci n'escortent quelque
femme ou quelque fille dont les attraits seraient
dignes d'attirer leurs regards. Sur ces victimes
prédestinées leur tournure généralement bien
prise et leur uniforme aussi simple qu'élé-
gamment taillé risque de produire grand effet. Et
je me suis laissé dire que, en Russie, soit en ba-
teau, soit en chemin de fer, naissaient fréquemment des romans d'où la banalité était exclue...

Sébastopol s'annonce au loin par une pyramide qui n'est autre chose que son église : et tout
autour de cette église, nous nous en rendrons
compte plus tard, ce ne sont que cimetières. Le
vapeur laisse à sa gauche, c'est-à-dire vers le
Nord, le fort Constantin qui commande la rade et
compte cent dix embrasures, puis le fort Michel
avec quatre-vingt-dix embrasures : on prétend
que contre le granit de ces défenses rebondit le
boulet. Au Sud, s'étalaient les forts, aujourd'hui
disparus, dénommés Nicolas et Paul. Par une
harmonieuse conversion sur sa gauche, le stea-
mer passe de la Grande Baie à la Baie du Sud :
l'œil plonge sur une géante anfractuosité de six
kilomètres de profondeur sur neuf cent de large,
en moyenne, dont les points terminaux sont les
rades de l'artillerie et de Karabelnaia, celle-ci avec
tout un ensemble d'arsenaux, de chantiers, de
docks de radoub dominé par un groupe de casernes.

Rambaud et Vogué ont, il y a quelque quarante ans, parlé du Sébastopol désolé de 1875, resté tel qu'il était au lendemain du siège, une seconde Troie, disait le maréchal Vaillant. M. Kondraki nous a laissé une description enchanteresse de ce qu'était Sébastopol avant la guerre de Crimée :

« Ici, dit-il en parlant de la Place Catherine, ici se réunissait la plus brillante société ; ici retentissaient les orchestres de musiciens ; ici, sur les degrés de marbre s'asseyaient des femmes enchanteresses ; ici resplendissaient les chefs-d'œuvre de la statuaire. Il y avait encombrement d'équipages, tandis qu'au pied de l'escalier de marbre se balançaient les coquettes gondoles dont la fantaisie variait les formes. Non loin s'élevait l'Hôtel du Club qui pouvait rivaliser avec les plus beaux d'Europe. Dans la rue Catherine, à pied, à cheval, en voiture, s'ébattaient les heureux enfants de cette Palmyre Taurique. Les maisons en belle pierre de taille sorties des carrières d'Inkermann, avec leurs façades sculptées, sans viser ni à la masse, ni à la hauteur, séduisaient cependant tous les regards par la beauté de leur architecture, par une irréprochable symétrie, par le fini du travail. Presque toutes étaient ombragées d'arbres, partout des jardins, partout des rigoles d'eau fraîche. »

Entre ce qu'était Sébastopol vingt ans avant et vingt ans après la guerre de Crimée, il faudrait trouver la note juste-milieu et l'on peut dire que, sans répondre, malgré les plus heureuses réfec-

tions, à la description de M. Koudraki, la Cité
criméenne est une fort belle ville de province,
tirant toute son animation de l'élément militaire.
Tout y parle guerre, en effet, à celui qui, de la
terrasse du Grand-Hôtel, embrasse l'ensemble de
la ville avec ses églises, ses casernes, les rades
successives auxquelles il a été fait allusion plus
haut et les trop nombreux cimetières.

Et cette vision, elle s'offre à nous dès le premier repas de midi, près de la terrasse du Grand-
Hôtel où la température printanière nous permet
de stationner indéfiniment, le dos à la construction, face au cimetière français dont nous sépare
ce goulet, où, au début des hostilités une partie
de la flotte russe fut coulée pour mettre obstacle
à la diversion que pourrait tenter la flotte anglo-
française. Un officier, notre voisin, nous donne
obligeamment toutes les indications voulues : il
insite sur l'incident des Douze Apôtres. C'est le
nom du plus grand des navires voués à la destruction qui ne voulut pas mourir, on avait pratiqué dans sa cale des voies d'eau ; par un effort
convulsif il élevait au-dessus des flots tantôt sa
proue, tantôt sa poupe. On voulut l'achever : on
tira quasiment à bout portant au-dessous de la
ligne de flottaison ; tout à coup quelqu'un se
rappela qu'on avait laissé à bord une icône vé-
nérée de tout l'équipage : on courut chercher
l'image et alors seulement le navire consentit à
mourir.

Quelle visite plus suggestive que celle de l'ancienne demeure du général Totlleben, le célèbre défenseur de Sébastopol. Dans une aimable construction à l'italienne sont réunis mille et mille souvenirs du siège : à chaque porte montent la garde des mannequins revêtus des uniformes de l'époque, grenadiers de la garde impériale française, fantassins russes à la tiare archaïque, Cosaques du Don, dragons de l'Impératrice, red-jackets, bersagliers, janissaires, etc., etc.

A leurs pieds, mortiers, boîtes à mitraille, canons de fonte, boulets pleins, obus, et aux murs de chaque salle, des proclamations en toutes langues : déclaration de guerre, bulletins de victoire, annonce de la paix ; des portraits de souverains, de sœurs de charité, de généraux, d'actrices transformées en infirmières. Et à l'infini, des gravures ayant la prétention de représenter aussi exactement que possible les épisodes tragiques de la lutte, et aussi des caricatures par lesquelles les partis en présence réchauffaient l'ardeur de leurs soldats. Je ne parle pas de la bibliothèque où s'alignent en toutes les langues pour l'édification de la postérité, études militaires, rapports officiels, mémoires et souvenirs des combattants. Parmi ces documents quoi de plus édifiant que ce recueil en trois volumes, dû à la bonne volonté de vingt-cinq collaborateurs, des mémoires, lettres ou journal de combattants de la guerre de Crimée. Tous avaient été invités à expédier à Sébastopol,

au nouveau musée, les pièces dont ils dispose-
raient et parmi lesquelles fut, sous la direction du
Czarewitch, le futur Alexandre III, effectuée une
heureuse sélection : les Commentaires d'un soldat, de Paul de Molène et les souvenirs militaires
et religieux de Crimée, par le père de Damas,
avaient permis aux Français de France de vivre
l'existence de leurs enfants.

Que pensait-on, que disait-on du côté russe ?
Et tout d'abord une simple remarque : ce siège
fameux, il ne se poursuivit jamais que sur le tiers
de l'enceinte de Sébastopo : les assiégés ne se
virent jamais couper leurs communications avec
les armées de secours qui furent battues par nous
à l'Alma et à Inkermann ; ils n'eurent donc pas
le sentiment de l'isolement qui étreignait le cœur
des Parisiens en 1870-71, non moins que l'obses-
sion de l'inévitable, c'est-à-dire de l'issue que donnerait à la lutte le défaut de subsistance.

Il y a deux Sébastopol qui se dressent l'un contre l'autre, écrivait le capitaine Lesli à sa famille :
le Sébastopol des étrangers est peut-être plus important que le nôtre car si l'on en croit les ga-
zettes, ils y ont établi des chemins de fer. Et en
effet, au début du siège, faibles étaient les moyens
aussi bien d'attaque que de défense : au bout de
dix mois, nous avions en position 800 canons et
creusé 40 kilomètres de tranchées. Aussi, les bas-
tions russes sont-ils copieusement arrosés et les
correspondances portent-elles la trace des mo-
ments cruels que traversaient les assiégés. Ecou-
tons un conscrit faisant part de ses premières im-

pressions : « Savez-vous ce qu'il faut faire quand une bombe tombe près de nous, me demande le major ? Je le sais : se coucher à terre le plus près possible de la bombe. »

« A ce moment le guetteur le plus rapproché cria : « Une bombe » et après un instant de silence, il cria de nouveau de toutes ses forces : « Pour nous, gare la bombe ! » Oui, dit le major, elle vient droit sur nous. La voyez-vous ? Non, dis-je, j'ai la vue faible et ne puis soutenir l'éclat d'un ciel clair. C'est un malheur, dit-il. Alors permettez-moi de vous guider à ma fantaisie. »

Et cette visite ramène avec une force invincible l'esprit vers la lutte fabuleuse qu'il y a bientôt soixante ans les alliés anglo-français entreprirent avec une témérité que font encore ressortir le recul des années aussi bien que le sentiment très précis de la distance qui sépare la Crimée de Paris ou de Londres : ni l'éloignement de leur base, ni un climat terrible, ni des maladies plus meurtrières que le feu de l'ennemi, ni une armée en somme de premier ordre et combattant chez elle, rien n'eût raison de la persévérance et de la valeur des soldats alliés : dans toute entreprise humaine, on ne peut le dénier, il y a une part de chance ; et nous avions épuisé la nôtre et en 1854-55 et en 1859 : nous devions le payer cher en 1870. A la réflexion toutefois il est certain que nous avions de bons atouts dans notre jeu : des soldats de premier ordre, des chefs tels que Saint-Arnaud, Canrobert, Pélissier et Mac-Mahon, une marine superbe dont l'activité supprimait les distances et, en face de nous, pour défendre une forteresse imposante dont les défenses avaient été négligées au point qu'après la bataille de l'Alma la question se posa d'une attaque de vive f   e, une armée de qualité excellente il est v   à qui l'inexistence de voies ferrées rendait   vitaillement en vivres et en munitions p   fficile qu'à nous, une flotte importante donv la plus grosse partie fut coulée à l'entrée du goulet de Mainètè, de façon à mettre obstacle à la diversion que les escadres anglaise et française pourraient être amenées à tenter.

Depuis, après des vicissitudes les plus imprévues, les plus émouvantes, nos couleurs ont flotté de nouveau à Sébastopol : ce n'était pas pour combattre qu'elles y apparaissaient, bien pour restituer le droit de vivre, de travailler, de prospérer, à des êtres humains ayant subi tous les affronts de la part d'un ennemi qui avait violé toutes les lois de la guerre.

Les habitants de la Crimée, où en sont-ils aujourd'hui ?

Mai 1923.

CHAPITRE X

LA CONFESSION
D'UN DIPLOMATE ALLEMAND (1)

Au mois de juin 1878, au cours d'une des fêtes
données en l'honneur du congrès qui alors battait son plein, un attaché de l'ambassade de
France faisait la connaissance d'un brillant hussard, M. Schœn. C'était un de ces jeunes officiers
que la diplomatie allemande se plaisait à prendre
à l'essai en l'envoyant d'abord passer une ou
deux années dans quelque ambassade, puis,
si l'épreuve réussissait, en l'utilisant dans les
bureaux de la Wilhelmstrasse : le double stage
donnait-il des résultats heureux, le candidat était
définitivement admis dans le service diplomatique et, pour ce qui concerne M. Schœn, on doit
en convenir, le système adopté produisit tous ses
effets, puisqu'il arriva aux plus hautes situations
et, de plus, fut jugé digne par le souverain qu'il
représentait, d'abord de recevoir, à l'un de ces
anniversaires impériaux de naissance où se dis-
tribuaient faveurs et distinctions, l'autorisation
d'adjoindre à son nom la particule *von*, puis de

<hr>

(1) *Erlebtes*, freiherr von Stumm. Berlin, 1921.

porter le titre de baron. C'est un des cas nombreux où les représentants de la bourgeoisie allemande, souvent peu qualifiés pour adopter les allures fringantes des aristocrates, se virent introduits dans la noblesse : tels les Stumm, les Miquel, les Lucius, les Rath.

M. Schœn, ainsi qu'il s'appela longtemps, était originaire des bords du Rhin. Personnellement plein d'affabilité et totalement dénué de morgue, il n'avait, par suite, rien de commun avec le hobereau prussien traditionnel. Il obtint la main d'une Belge fort belle, dont la bonne grâce, lorsque le ménage arriva à Paris, contribua à briser le mur de glace qui, après 1871, se dressait entre la société et les membres de l'ambassade d'Allemagne. A partir du jour où M. Schœn prit ses fonctions de conseiller à Paris, c'est-à-dire en 1890, on alla rue de Lille ; c'est une constatation, rien de plus.

En quittant Paris où ne l'avait nullement retenu, au contraire, son chef le prince de Münster (ci-devant comte), M. Schœn connut en Allemagne des années pénibles : pour lui se posait, en effet, la question de savoir s'il finirait ses jours comme grand chambellan de la minuscule cour de Hesse, ou s'il serait un jour ou l'autre replacé dans le service diplomatique. Une fois de plus, si les choses tournèrent bien, le succès fut dû autant à la femme qu'au mari : ce dernier, dans les salons de Berlin, ne parlait plus « argot » comme sur les bords de la Seine et, sur ceux de la Sprée, Mme Schœn ne mettait plus son admirable voix au service de Gounod ou de Massenet, mais bien de Schumann ou de Wagner. La légation de Copenhague fut attribuée à l'ancien lieutenant des hussards ; c'était en 1896 et jusqu'au jour du naufrage suprême, il devait, sans discontinuer, avoir le vent en poupe.

Pendant son séjour à Copenhague, M. de Schœn eut la grande satisfaction de faire avec son auguste souverain le voyage maritime au cours duquel eut lieu la retentissante visite à Tanger. On en parlait bien comme d'une manifestation destinée à donner plus ou moins clairement à la France un sérieux avertissement pour son attitude au Maroc ; on disait tout bas, écrit M. de Schœn, que ce n'était pas sans hésitation que l'empereur se prêtait à un pareil éclat et en fait, le diplomate allemand affirme que Guillaume II ne souhaitait pas se prêter à une manifestation qui ne pouvait être indifférente et qu'il n'entendait nullement donner à son voyage un caractère politique. Il songeait à effectuer une « relâche » à Tanger uniquement pour permettre à son entourage de jeter un coup d'œil sur une cité musulmane, mais il entendait bien rester à bord, l'Orient ne lui étant pas inconnu comme à certains de ses compagnons de voyage. Le chancelier toutefois, sans doute sous l'inspiration du baron de Holstein, pendant trente ans l'éminence grise de tout ministre des Affaires étrangères, conseilla à son souverain de procéder à une démonstration éclatante. Celle-ci faillit être empêchée par les éléments. Un vent violent s'opposa d'abord à la descenté, puis intervint la crainte de monter un cheval inconnu. M. de Schœn avoue que personnellement il était peu enclin à un éclat, mais que représentant le ministre des Affaires étrangères, il crut de son devoir de se rallier à l'avis de Berlin. Aussi lorsque, par un officier envoyé à terre, Guillaume II apprit que le vent s'apaisait, qu'on pourrait débarquer sans danger si l'on ne craignait pas d'être quelque peu mouillé, qu'une monture paisible attendait au débarcadère, et qu'enfin une foule compacte l'attendait pour l'acclamer, le débarquement se fit, et le kaiser se rendit à la légation d'Allemagne : M. de Schœn raconte qu'il fit tous ses efforts pour le ramener à bord le plus rapidement possible, de crainte que quelque incident ne vînt gâter la fête. Et ce fut seulement en arrivant à Naples, quelques jours plus tard, et en constatant quelle impression avait produite par le monde sa visite à Tanger, que Guillaume II eut la conscience nette de la très grande portée politique de son acte. « Bien que l'empereur n'en convînt pas tout haut, dit textuellement son ministre, j'avais cependant l'impression qu'il envisageait rétrospectivement l'incident en pensant qu'il eût mieux valu s'en tenir à ses intentions primitives. »

Ce fut au retour de ce voyage méditerranéen, au cours duquel le yacht impérial fit relâche après Tanger, à Naples, aux Baléares et à Corfou, que fut décidé l'envoi de M. de Schœn à Saint-Pétersbourg.

Au cours de sa mission, M. de Schœn affecta de

se tenir soigneusement à l'écart de la politique
intérieure de la Russie, convaincu qu'il était de
la susceptibilité des ministres russes, et en particulier de M. Iswolsky, touchant les ingérences des
étrangers dans tout ce qui n'est pas politique extérieure. Il garda évidemment un souvenir peu
favorable de sa mission à Saint-Pétersbourg, le
rapprochement anglo-russe ayant exactement
coïncidé avec son arrivée et ses conversations
n'ayant pu avoir pour objet la politique générale,
mais bien le règlement quotidien de questions
commerciales nombreuses et ardues. Aussi, bien
qu'il déclare n'avoir jamais souhaité le poste de
secrétaire d'Etat aux Affaires étrangères, dut-il
être tout à fait satisfait d'y être appelé, et fait-il
dans son livre une large part à l'activité qu'il y
déploya.

L'incident de Casablanca (légionnaires allemands déserteurs, protégés par le consul d'Allemagne) fournit à notre auteur l'occasion de développements étendus : il estime que les torts furent
réciproques, mais que la sentence arbitrale rendue sur la proposition de l'Allemagne (on avait
toujours cru qu'elle venait de la France) ne pouvait être critiquée : tout cela n'est pas pour nous
déplaire. Des voix nombreuses s'élevèrent à l'époque en Allemagne qui accusaient le gouvernement impérial d'avoir manqué d'énergie ; par
contre, remarque Schœn, les plus hautes appro-
bations furent acquises à l'arrangement du
9 février 1909, signé entre M. Cambon et lui.
« C'était, dit-il, la solution de difficultés sans cesse

renaissantes et qui risquaient de prendre un caractère dangereux : que nous ne voulions exercer au Maroc aucune action politique, cela avait été dit à Algésiras, mais notre attitude économique signifiait le mouvement et, devant elle, s'ouvraient de nouvelles perspectives ».

La fin du séjour de M. de Schœn à la Wilhemstrasse fut marquée par l'agitation que provoqua la si imprudente interview accordée par Guillaume au *Daily Telegraph*, par les difficultés qui s'ensuivirent entre le souverain et son chancelier, par la démission impossible à éviter de ce dernier, et, enfin, par l'arrivée à la chancellerie du trop célèbre Bethman-Hollweg. L'émoi qui s'était manifesté dans l'opinion publique à la suite de l'interview impériale et de ses graves conséquences, devait valoir bien des attaques aux dirigeants de la politique allemande : M. de Schœn en particulier devint l'objet de critiques très vives de la part de la presse, qui, chaque jour, exhalait sa mauvaise humeur contre la diplomatie et les diplomates allemands. Bien que les causes de cet état de choses lui fussent connues, le secrétaire d'Etat aux Affaires étrangères se montra particulièrement sensible aux piqûres d'épingle quotidiennes qu'il dut subir ; il consacre à se disculper trop de considérations, aujourd'hui surannées, sur le rôle réciproque de la presse et des gouvernements.

Avant de quitter Berlin pour l'ambassade de Paris, Schœn eut à se prononcer sur la question qui fut alors posée de l'autonomie de l'Alsace-

Lorraine. Le secrétaire d'Etat se vit exceptionnellement appelé à siéger au ministère prussien : quand celui-ci délibéra sur l'attitude qu'il prendrait au conseil fédéral au moment de la discussion de la nouvelle constitution de la terre d'empire, M. de Schœn fit valoir que l'affaire avait une face extérieure et il se prononça pour une solution aussi libérale que possible, laquelle ne donnerait pas seulement satisfaction à l'Alsace, mais calmerait les Français, et par là même rendrait possible une entente entre les deux peuples. Par ailleurs, disait le secrétaire d'Etat, l'Alsace se trouvant placée sur le même rang que les autres pays d'empire, on en tirerait au delà des Vosges cette conclusion que « la solidité des murs de l'édifice impérial est désormais à toute épreuve, et que le provisoire s'est mué en définitif ». Ces arguments ne prévalurent pas, et la question fut enterrée.

Dans ses *Considérations sur la guerre mondiale*, Bethmann-Hollweg concède sans difficulté que refuser à l'Alsace-Lorraine l'autonomie fut une véritable faute : on chercha à la réparer à la fin de la guerre, mais il était trop tard.

Le chapitre consacré par Schœn à son passage à l'Office des Affaires étrangères se termine par un portrait de Guillaume II qui, de tous ceux qui ont été donnés de lui, est certainement l'un des mieux venus, sans doute parce que tracé dans l'adversité, et, par suite, dénué de ces flatteries qui trop souvent altèrent la ressemblance.

La solution de l'affaire de Casablanca et la

signature de l'arrangement marocain laissaient espérer à M. de Schœn que sa mission à Paris pourrait avoir d'heureux résultats, et, par le fait, à peine arrivé, il note les mots de « amicales relations, de bon voisinage » qui, dans les compliments échangés avec M. Fallières à propos de la remise des lettres de créance du nouvel envoyé, sont employés pour la première fois depuis qu'est posée cette question d'Alsace-Lorraine qui divise les deux pays. Mais la France, constate bientôt M. de Schœn, a depuis 1870 stabilisé sa situation intérieure et a, depuis longtemps, grâce à la prudence de ses hommes d'Etat, repris sa place de grande puissance. Toutefois la plaie qu'elle porte au flanc ne peut se cicatriser, et de temps à autre naissent de sa souffrance des mouvements que provoquent opportunément un Boulanger, un Déroulède; ces mouvements qui se calment certainement dénotent un état de santé interdisant à aucun gouvernement de procéder à une démarche quelconque pouvant être interprétée comme une reconnaissance du traité de Francfort. Au contraire, si l'alliance russe est acclamée, si l'entente avec l'Angleterre est admise, c'est que ces faits ont bien donné à la nation française des satisfactions morales, mais sans l'amener à renoncer à son idéal.

Sur la question du Maroc, l'ambassadeur s'étend longuement : c'est bien grâce aux représentants militaires et civils de la France au Maroc que ce pays est devenu, d'après lui, une boîte de Pandont d'où sont sorties l'occupation de Fez et celle de Meknès. Devant de pareils faits (c'est le diplomate allemand qui parle), l'envoi du *Panther* à Agadir s'explique tout naturellement. L'ambassadeur à Paris n'en fut nullement averti, et, par suite, n'eut pas d'observations à présenter à son gouvernement. Il se borne à faire remarquer que si l'on avait à Berlin attendu quelque peu, l'attitude d'un nouveau cabinet aurait sans doute permis d'ajourner cette manifestation, « mais la flèche était lancée », dit l'ambassadeur non sans quelque regret.

Tandis que le *Panther* mouillait à Agadir et que l'on s'attendait à un débarquement qui eût encore compliqué la situation, tandis que Lloyd George prononçait un discours que les Allemands considérèrent comme menaçant pour eux, le président de la République était en Hollande avec son nouveau ministre des Affaires étrangères, M. de Selves. Ce dernier, à son retour, laissa entendre qu'on pourrait causer à Paris mais, dit en propres termes M. de Schœn, « il fallait qu'il devînt visible que c'était la France, et non pas nous, qui faisait le premier pas et le vrai chemin était celui qui aboutissait à Berlin. Par contre, afin d'aider le ministre à entrer dans la voie des pourparlers, je lui indiquais qu'autant que je pouvais le savoir, on verrait volontiers à Berlin qu'en dédommagement de nos pertes éventuelles au Maroc, la France nous concédât, dans son empire africain si étendu, un morceau du Congo ». Il ajoute que si à Pétersbourg on acueillit de façon tiède les démarches qu'à propos de toute cette affaire y effectua le représentant de la France, M. Iswolsky, à Paris, jetait de l'huile sur le feu, et déclarait qu'on ne pouvait négocier avec un partenaire qui commençait « par mettre son revolver sur la table ». Entre temps, M. Cambon, qui était en congé à Paris, repartait pour Berlin, et y négociait l'arrangement qui fut signé au mois de novembre. A propos de ces pourparlers, on ne peut omettre les réflexions que M. de Schœn formula textuellement ainsi : « L'accord fut facilité par les vues personnelles du président du Conseil français, M. Caillaux, qui non seulement céda à notre pression pour entrer en pourparlers, mais saisit encore cette occasion pour nous proposer des accords par-dessous main, en évitant de passer par le ministre des Affaires étrangères responsable ».

La convention, au surplus, ne donna satisfaction ni à la France, ni à l'Allemagne : pour M. de Schœn, elle fut loin d'amener une détente comme l'avait fait l'accord de 1909, et elle laissa derrière elle un état d'irritation qui ne fit que croître et embellir au fur et à mesure que se manifestaient les difficultés d'exécution.

Par ailleurs, les affaires d'Orient se compliquaient et l'ambassadeur se départit de l'impartialité qu'il affectait pour se livrer, quelle que fût la diligence du quai d'Orsay à suggérer des solutions pacifiques, à d'acerbes critiques contre notre action, quelle qu'elle fût. Et, à part une démarche que M. Poincaré lui avait proposé de tenter de concert avec l'Allemagne dans un but conciliant, M.

de Schœn transforme en manœuvres agressives
les mesures de simple précaution que le gouvernement français avait la sagesse de prendre pendant la période troublée qui précéda la guerre
mondiale : échanges de vues entre états-majors
alliés et voisins, emprunt consenti à la Russie pour
l'exécution des chemins de fer stratégiques, préparation de la loi de trois ans. Et ces mesures,
elles étaient justifiées et au delà par les appréciations que l'auteur des *Souvenirs* y formule :
« C'était la paix, mais une paix fragile, ou mieux,
un état de guerre latent : face à face se dressent
deux groupes de puissances, la Triple Alliance et
la Triple Entente, dans une atmosphère de méfiance et de tension. »

M. Poincaré ayant été nommé président de la
République, l'ambassadeur allemand voit revivre
dans le chef de l'Etat le président du Conseil ; le
choix qu'il fait comme ministres de MM. Barthou
et Millerand, les deux protagonistes de la loi de
trois ans, lui paraît tout naturel de la part de l'in-
venteur de cette formule : « la paix dans l'honneur et la dignité ». M. de Schœn voudrait perce-
voir dans le sentiment public un retour « à des
idées plus pacifiques, une réaction contre l'activité déployée pendant une année par le chef de
l'Etat, mais il a le regret de noter une opinion
chaque jour plus nerveuse, plus anti-allemande,
d'enregistrer des manifestations militaires dans
les rues ; il va, oubliant dans quelles conditions se
sont produits les incidents de Nancy, jusqu'à blâ-
mer les excès commis à l'égard de paisibles pro-

meneurs ; il déplore les mesures désagréables pri-
ses contre d'inoffensifs aviateurs qui avaient at-
terri « sans le vouloir » à Lunéville. Il estime que
ces faits ne peuvent que réagir sur l'opinion publique au delà du Rhin, tandis que, du côté français, on enregistre les attaques de la presse allemande contre la légion étrangère et on s'y laisse
persuader que le gouvernement impérial est complice de ces attaques. En passant, l'ambassadeur
relève ce fait curieux, à savoir que grâce au bruit
fait autour de la question, le nombre des engagés
de race germanique s'est accru.

Après avoir parlé des choses de France de manière à offrir à ses compatriotes des arguments
pour les thèses qu'ils échafaudent à propos de la
responsabilité de la guerre, M. de Schœn, en par-
fait chambellan, se montre heureux, pour les relations entre les deux pays, de voir M. Poincaré
accepter un dîner rue de Lille : il y voit une réponse courtoise à l'invitation analogue de l'ambassadeur de France, à laquelle l'empereur d'Allemagne s'était rendu. Tout aussi joyeusement, il
se félicite du résultat des élections de mai 1914,
dans lesquelles il voit un désaveu de la politique
présidentielle... Donc, la France est pacifique, le
chef de l'Etat a fait preuve de sentiments pacifiques ; cette double constatation faite à la veille des
hostilités, les historiens allemands n'en feront
sans doute pas état ; nous devons d'autant plus
soigneusement l'enregistrer.

A la fin de juillet, le président de la République
et M. Viviani sont en Russie : c'est avec M. Bien-

venu-Martin que l'ambassadeur doit s'entretenir des diverses propositions mises en avant pour prévenir le conflit. Toute l'argumentation dont il use pour défendre son gouvernement pèche par la base ; il répète que si le conflit est localisé et si l'Autriche garantit à la Serbie ses frontières, il n'y aurait plus de difficultés à surmonter. Il ajoute que tout le monde est d'accord pour admettre que le peuple serbe mérite une sévère leçon. Mais localiser le conflit, n'était-ce pas de la part des alliés de la Serbie la livrer corps et biens à l'Autriche-Hongrie ? Admettre que ses frontières seraient respectées, n'était-ce pas consentir à son anéantissement financier, à sa sujétion économique, à son esclavage douanier ? N'était-ce pas lui réserver le sort même que les Allemands annonçaient, pendant la guerre, qu'ils imposeraient à la Belgique ?

Quand MM. Poincaré et Viviani revinrent de Saint-Pétersbourg, on était à la veille du jour où M. de Schœn viendrait demander au gouvernement français s'il garderait la neutralité en cas de conflit germano-russe : Toul et Verdun devaient, dans l'affirmative, être occupés par les Allemands. « Dans notre situation, reconnaît sagement l'ambassadeur, la neutralité de la France nous eût été tellement profitable que nous aurions dû plutôt offrir quelque chose pour l'obtenir, plutôt que de l'exiger. D'ailleurs cette exigence témoignait d'un manque d'appréciation du sentiment national français. Si les Français avaient examiné un instant notre proposition de neutralité, tout accord aurait été étouffé dans son germe par l'obligation de livrer leurs forteresses les plus importantes ».

Le soir même de la déclaration de guerre, toute l'ambassade allemande quittait Paris, et, à la frontière belge, M. de Schœn.apprenait qu'il ne pouvait aller plus loin, ponts et tunnels étant détruits par ordre militaire : l'ambassadeur recevait ainsi la première nouvelle de l'invasion allemande.

Et cette violation de la neutralité belge, il la condamne en termes énergiques : « Le fait de porter la guerre en pays ennemi peut répondre à une bonne doctrine au point de vue militaire, écrit-il, mais l'écrasement d'un pays faible, protégé par des traités sacrés, est un crime contre lequel la conscience du monde s'élève en réclamant une expiation. L'Allemagne aura à souffrir pendant des générations du poids écrasant de cette expiation ».

Subsidiairement, il note qu'il ignorait même que la rupture avec la Belgique fût envisagée ; même quand il était secrétaire d'Etat, l'autorité militaire ne lui avait jamais parlé de plans de ce genre, « quoique, sans aucun doute, ils existassent déjà depuis longtemps ». « Au contraire, dit-il, la seule chose que je connusse, c'était que la neutralité belge, parmi les garants de laquelle se trouvait l'Allemagne, était quelque chose d'intangible et que des assurances à cet égard avaient été données à plusieurs reprises à Bruxelles. L'attaché militaire de l'ambassade qui faisait partie du grand état-major, et qui avait été antérieurement en fonction à Bruxelles, m'avait tranquillisé par l'assurance que, si une marche à travers

la Belgique devait entrer en question, ce ne serait
qu'à une époque plus tardive ».

M. de Schœn, on le voit, ne dissimule guère son
sentiment pour ce qui est de la Belgique. Il est
plus catégorique encore dans ses appréciations sur
les conditions dans lesquelles il présenta au quai
d'Orsay la déclaration de guerre de l'Allemagne.

Dans l'après-midi du 3 août, parvint à l'ambassade un télégramme du chancelier, très mutilé.
Les parties qu'on put déchiffrer annonçaient des
attaques aériennes des Français sur Nuremberg,
Karlsruhe et Wedel ; en conséquence, l'ambassadeur devait réclamer ses passeports et quitter la
France. Il apprit par la suite que la partie indé-
chiffrable du télégramme mentionnait des viola-
tions de la frontière alsacienne par les troupes
françaises. Mais pressé par le temps, il ne put,
en rédigeant le texte de la déclaration de guerre,
invoquer que les attaques aériennes. « C'est seulement dans le courant de la guerre, dit-il, qu'on
constata que ces attaques aériennes n'avaient jamais eu lieu ; ces fausses nouvelles avaient été
mises en circulation par les imaginations surexci-
tées. Il est inexplicable que, dans nos cercles dirigeants, on ait pu leur attribuer une valeur de faits
si importants qu'ils servirent à justifier la déclaration de guerre... Si des raisons militaires ont fait
paraître désirable de mettre l'instant à profit et
d'accuser les Français d'avoir ouvert les hostilités,
cette démarche était de trop grande conséquence
pour ne pas exiger un examen sérieux des preuves
sur lesquelles elle s'appuyait. Même si toutes les

entreprises de l'ennemi ainsi alléguées avaient été réelles, il était excessif de leur attribuer le caractère d'une offensive militaire, tout comme cela l'eût été à l'égard des folies commises de notre côté par quelques têtes chaudes. Les Français, de décision si prompte à l'ordinaire, ont été assez intelligents pour ne pas déclarer la guerre à l'occasion de ces incidents isolés et pour nous laisser l'odieux de l'agression. Le fait que mon nom est attaché à cette lourde erreur, qui donne l'impression de l'invraisemblance, forme le souvenir le plus pénible de ma carrière. »

Il faut en somme tenir compte au diplomate allemand d'avoir ainsi cherché à atténuer la responsabilité que malgré tout, malgré tous les efforts que nous avons déployés en vue du maintien de la paix, il tient à attribuer à la France dans les événements ; mais ce qu'il convient d'enregistrer, et à sa décharge dans une certaine mesure, ce sont ses déclarations formelles touchant le rôle que son gouvernement lui a fait jouer au moment de la déclaration de guerre ; c'est aussi son appréciation d'une si criante franchise au sujet de l'odieux qu'a assumé l'Allemagne en raison de la violation de la neutralité belge. Par sa louable attitude dans cette double circonstance, M. de Schœn mérite d'être mis à part de tous les historiens allemands de la guerre ; ceux-ci le lui pardonneront-ils ?

TABLE DES MATIÈRES

IMPRIMERIE SAINT-DENIS. — NIORT.

www.ingramcontent.com/pod-product-compliance
Lightning Source LLC
LaVergne TN
LVHW010107070726
842525LV00017B/756